Die Welt des

Tee_s

Cornelia Haller-Zingerling

UMSCHAU

»Man trinkt Tee, damit man den Lärm der Welt vergisst.«

Tien Yi-Heng, chinesischer Gelehrter

Impressum

© 2006 Neuer Umschau Buchverlag GmbH,
Neustadt an der Weinstraße
5. Auflage 2012

Gestaltung und Satz: die Basis – Kommunikation, Ideenwerk und Design, Wiesbaden
Illustrationen: die Basis – Kommunikation, Ideenwerk und Design, Wiesbaden
Lektorat und Projektleitung: Angela Thomaschik
Ausführlicher Bild- und Textnachweis siehe S. 190
Reproduktion: RGD-Digitale Medientechnik GmbH, Langen
Druck und Verarbeitung: Druckkollektiv GmbH, Gießen

Printed in Germany
ISBN: 978-3-86528-277-4

Besuchen Sie uns im Internet
www.umschau-buchverlag.de

Inhalt

Vorwort

In allen Kulturen ist Tee als wohlschmeckendes Getränk bekannt, das Körper und Geist Kraft spendet. Eine Tasse Tee lässt uns in hektischen Momenten zur Ruhe kommen und spendet wohltuende Wärme, sie bringt den Kreislauf in Schwung und hilft uns, wieder neue Energie zu tanken. Wellness für Körper und Seele also – und das mit nicht mehr als einem Aufguss von den Blättern, Trieben oder Knospen des Teestrauchs.

Auch bei uns schätzen seit Jahren immer mehr Menschen die wohltuende Wirkung des Tees. Gleichzeitig wächst aber auch der Wunsch, mehr über dieses Produkt zu erfahren und sich in der unermesslichen Vielfalt des Angebotes zurechtzufinden. Tausende von Sorten gibt es mittlerweile und es werden ständig mehr. Es fällt schwer, sich einen Überblick zu verschaffen und die eigene Wahl des Tees scheint beliebig zu werden.

Wenn Sie aber die Welt des Tees nicht länger von außen betrachten, sondern sich mit diesem Buch einige Schritte mitten hineinbegeben, dann werden Sie merken, wie viel Spaß die Suche nach den schönsten Sorten macht. Der Genuss des Tees beginnt bereits in den Ländern, in denen er angebaut wird. Erst wenn man etwas über die besonderen klimatischen Bedingungen der Region erfährt, in der er gewachsen ist und den Menschen begegnet, die ihr Wissen und ihr Engagement in seine Produktion einbringen, lässt sich die gute Qualität eines Tees so richtig genießen.

Mit den fundierten Informationen aus diesem Buch wird es Ihnen sehr viel Freude machen, immer wieder eine neue Sorte zu probieren und ihre persönlichen Favoriten zu finden. Sie werden sicher nicht alle Sorten kennen lernen, aber Farbe und Duft derjenigen, die Sie probieren, werden Sie den Teegärten, in denen sie gewachsen sind, näher bringen.

Cornelia Haller-Zingerling

Was ist Tee

Tee ist ein Aufguss aus getrockneten und/oder fermentierten Blättern, Knospen und Trieben des Teestrauchs. Heute sind Tausende von Teesorten im Handel, die alle auf zwei Urformen der Teepflanze zurückgehen: Assamtee (camellia assamica) und Chinatee (camellia sinensis). Und ständig werden es mehr.

Tee wird in allen Kulturen der Welt getrunken und ist nach Wasser das meistgetrunkene Getränk der Welt.

»Die Welt hat sich in einer Teeschale gefunden« sagt der japanische Philosoph Kakuzo Okakura. In der Tat vereint die Teeleidenschaft die verschiedensten Religionen und Kulturen. Rund um den Globus haben sich zahlreiche Gebräuche und Zeremonien entwickelt, die alle eines zum Mittelpunkt haben: den Tee.

In den frühen Kulturen war Tee ein spirituelles Getränk, um das Bewusstsein zu erweitern und besser meditieren zu können – was heute noch im Taoismus und Buddhismus der Fall ist. In unseren Breitengraden – also in der westlichen Kultur – ist Tee ähnlich wie Kaffee oder Wein ein Genussmittel, das für Lebensart, Gastlichkeit und Gemütlichkeit steht. Aber Tee ist auch eine Ware, ein Rohprodukt und Handelsobjekt, von dessen Export ganze Anbauländer abhängen.

Streng genommen dürfen nur Aufgüsse aus den Teeblättern als »Tee« bezeichnet werden. Alle Zubereitungen aus Blüten, anderen Blättern oder Früchten sind keine »Tees«, sondern »Infusionen«. In England heißen solche Kräuteraufgüsse »herbal infusions« – augenzwinkernd bezeichnen Briten aber eine starke Rinderbouillon auch als »beef tea«.

> *»Man soll Tee an Frühlingsabenden*
> *in einem Bambushain trinken.*
> *Tee ist das Getränk der Weisen.«*
>
> *Chinesischer Philosoph Lu Yu*

Eine kleine Etymologie des »Tees«

Die Bezeichnung »Tee« stammt aus dem Chinesischen, das chinesische Bildzeichen dafür lautet »cha«, was aber nicht nur »Tee« heißt, sondern auch »Augenlid« (*siehe hierzu die Legende im Kapitel »Die Geschichte des Tees«*). Das englische »tea« leitet sich vom damals gebräuchlichen »tu« »tay«, »ta« oder »te« ab, dem Dialektwort der südchinesischen Küstenbevölkerung, von deren wichtigsten Seehandelsplätzen Shanghai und Amoy der Tee verschifft wurde. Interessant ist dabei die Tatsache, dass sämtliche Länder, die auf dem Seeweg mit dem Tee in Kontakt kamen – also ganz Europa und Amerika –, das Wort »Tee« oder »tea« in verschiedenen Varianten übernommen haben – in Lettland sagt man z.B. »teja«, in Spanien »té«. Ganz anders verhält es sich mit den Ländern, die auf dem Landweg mit dem Tee in Berührung kamen. Hier hat sich das nordchinesische »cha« durchgesetzt, so etwa im gesamten asiatischen, arabischen und slawischen Sprachraum.

In Russland heißt es »tschay«, in der Türkei »çay«, in arabischen Ländern »shâi« – alle Bezeichnungen stimmen mit der Aussprache des Mandarin-Chinesisch überein.

Die Fachsprache der Tea-Taster ist englisch, was seinen Grund darin hat, dass der internationale Teehandel schon im 17. Jahrhundert durch die British East India Company – die Britisch Ostindienkompanie – bestimmt wurde. Außerdem waren es Engländer, die den Teeanbau in ihren damaligen Kolonien eingeführt haben – Indien ist heute der weltgrößte Teeproduzent, gefolgt von China, Kenia und Sri Lanka (Ceylon). Bis zum Beginn des 1. Weltkriegs wurde auch der deutsche Teehandel zu fast 60% an der Londoner Teebörse abgewickelt. Wegen gravierendem Umsatzrückgang wurde die traditionsreiche Londoner Teebörse 1998 geschlossen, trotzdem hat sich Englisch als Fach- und Handelssprache im internationalen Teebusiness behauptet.

Wie schmeckt Tee?

Man könnte meinen: Das weiß doch jeder! In Wirklichkeit ist Tee jedoch so ungeheuer komplex im Geschmack, wie man es von Weinen kennt. Auch beim Wein hat man zwar immer »einfach Wein« im Glas – aber mit welcher Vielfalt an Aroma und Bukett? Von lieblich-mild bis herb-würzig entwickelt der Aufguss aus den Blättern des Teestrauchs eine schier unendliche Bandbreite des Geschmacks. Ähnlich verhält es sich mit dem Tee. Auch hier hat jede Sorte ihren ganz eigenen Geschmack, abhängig von der Region, in der der Teestrauch wächst, vom Klima der Saison, in der er gewachsen ist und geerntet wurde, und vor allen Dingen abhängig von der Verarbeitung. Wie beim Keltern des Weines gibt es auch bei der Herstellung von Tee wahre Künstler und solche, die noch lernen. Es gibt experimentierfreudige Erzeuger mit entsprechenden Produkten und die Klassiker unter den Tees. Hinzu kommt, dass der hiesige Markt auch seinen ganz eigenen Teegeschmack von den Erzeugern fordert. Es gibt Moden und neue Trends. Und es gibt – bei den wirklich guten Anbietern von Tee – eine ständige Kommunikation mit den Erzeugern in aller Welt, um gemeinsam wunderbare Ergebnisse zu erzielen.

Und was können Sie für den optimalen Teegenuss tun? Nehmen Sie sich:

1. Tee von allerbester Qualität

2. möglichst weiches Wasser

3. eine gute Kanne, in der der Tee aufgebrüht wird

4. ZEIT

11

Die Geschichte des Tee*s*

Seit wann es Menschen bekannt ist, dass sich aus den Blättern der Teepflanzen ein köstliches und anregendes Getränk zubereiten lässt, verliert sich im Dunkel der Geschichte – dafür ranken sich umso mehr Legenden um die Entstehung des Tees. Sicher ist, dass die ersten wilden Teekulturen in China entdeckt wurden, vermutlich in der Provinz Yunnan – anderen Quellen zufolge in Szechuan. Zunächst unter der Bezeichnung »tu« bekannt, änderte sich der Name in China über »ta« und »tay« zu »cha« oder »chay«. Der Tee ist nicht nur eines der ältesten Getränke der Welt, sondern auch eines der meistgetrunkenen. Jahrhunderte brauchte es, um die Kunst der Teeaufbereitung so zu perfektionieren, wie wir sie heute kennen.

CHINA

Ein Mythos besagt, dass um 2.737 v. Chr. der Kaiser Chen Nung (nach anderer Schreibweise Shen-Nung), bekannt als »Sohn des Himmels«, ein Gelehrter und Kräuterkenner, der aus hygienischen Gründen nur heißes Wasser trank, unter einem wilden Teestrauch ruhte, als es einige Blättchen in sein Wasser wehte und dem Kaiser den ersten Tee der Welt bescherte – er war begeistert von der vitalisierenden und erfrischenden Wirkung.

Tee war in China lange Zeit in erster Linie als Heilmittel bekannt. In der traditionellen chinesischen Medizin schreibt man ihm seit jeher viele positive Wirkungen auf Körper und Geist zu: er stärke den Kreislauf, verbessere die Sehkraft, wirke erfrischend und entgiftend und beuge Krankheiten vor. Die älteste verbriefte Erwähnung des Tees in China ist jedoch »erst« aus dem Jahr 350 v. Chr. bekannt. In einem chinesischen Wörterbuch aus dieser Zeit, dem »Erh Ya«, wird beschrieben, dass die Tee-Kultivierung in der Provinz Szechuan begann und sich im Laufe der Zeit das Yangtse-Tal hinunter bis zu den Küstenprovinzen ausbreitete. Zu dieser Zeit wurde Tee als Genussmittel beliebt. Im Jahr 221 v. Chr. gab es auch bereits eine Teesteuer.

Auch die buddhistischen Mönche schätzten die Kraft spendende Wirkung des Tees während ihrer Meditation. Und folgerichtig schreiben sie die Entstehung des Tees auch Bodhidharma zu, dem 28. Nachfolger Buddhas, der im 5. Jahrhundert n. Chr. zu seiner Reise aufbrach und den Buddhismus nach China brachte. In dieser Zeit, so sagt es die Legende, meditierte Bodhidharma neun Jahre lang vor einer Mauer, schlief darüber aber ein und war nach seinem Erwachen derart entsetzt ob seiner »Sünde«, dass er sich kurzerhand die Augenlider abschnitt, um nie mehr einzuschlafen. Aus den zu Boden gefallenen Augenlidern entspross die Teepflanze, deren Blättchen in Verbindung mit heißem Wasser ein anregendes und somit Schlaf verhinderndes Getränk ergaben. In der Japanischen Schrift hat sich die Übereinstimmung der Schriftzeichen für Augenlid und für Tee bis heute erhalten.

Für die Nutzung des Tees als belebendes Getränk begannen die Mönche mit dem Anbau des Tees in der Nähe der Klöster. Auch der Adel übernahm das Trinken von Tee auf und verfeinerte die Kunst des Teekochens. Es wurden Teewettbewerbe eingeführt, um die besten Teesorten des Landes zu ermitteln.

Im Jahr 780 n. Chr. werden im Cha Ching, einem Tee-Handbuch des Schriftgelehrten Lu Yu, erstmals alle Aspekte rund um den Tee beschrieben, von der Pflanze und ihren Varietäten, über Produktionsverfahren und das hierfür nötige Werkzeug; es ist von den Wasserqualitäten die Rede, der Brühkunst, von medizinischen Aspekten und von Tee-Traditionen.

Während der Tang-Dynastie wurden die jungen Teeblätter gedämpft, zerrebelt und dann als eine Art Paste mit Pflaumensaft vermischt, zu flachen Kuchen gepresst und gebacken, bis die Masse trocken war. Zum Aufbrühen brach man sich ein Stück Kuchen ab und löste ihn in heißem Salzwasser auf, was dem Tee einen leicht bitteren Nachgeschmack verlieh. Übliche aromatisierende Zutaten waren Ingwer, Orangenschale, Nelken, Pfefferminze und süße Zwiebeln, die zunächst mit dem Wasser aufgekocht wurden. Auch heute noch wird in China loser Tee oft so verkauft: als zusammengepresste Blättchen in Form eines kleinen Rades – das Salzwasser gehört glücklicherweise der Vergangenheit an – obwohl die Geschmäcker bekanntlich verschieden sind. Man denke nur an den Tee der Tibeter, die ihn mit ranziger Yak-Butter »verfeinern«.

»Die Welt hat sich in einer Teeschale gefunden«

Japanischer Philosoph Kakuzo Okakura (1906)

JAPAN

In kaum einer anderen Kultur hat die Mystik des Tees einen derart nachhaltigen Einfluss hinterlassen wie in der japanischen. Sei es, dass sie ihren Niederschlag in speziellen Schriftzeichen fand oder in der nach wie vor seit Jahrhunderten unverändert praktizierten Teezeremonie. Jedoch erst etwa im 6. Jahrhundert gelangte der Tee nach Japan. Nach anderen Quellen auch erst in den Jahren 803–805, als ein buddhistischer Mönch namens Dengyo Daishi während einer China-Reise bemerkte, dass die chinesischen Mönche dank eines bestimmten Getränkes über viele Stunden wach und konzentriert meditieren und beten konnten. Aber auch dann dauerte es noch 200 Jahre bis zu einer erfolgreichen Kultivierung und weitere 500 Jahre, bis Tee auch in Japan ein populäres Getränk für die ganze Bevölkerung wurde.

Der Zen-Buddhismus begründete den Stellenwert des Tees in der japanischen Gesellschaft. Nicht in der Wirkung aufgebrühten Teeblattes, sondern in der Handlung des Teeaufgießens sahen die Mönche eine weitere Möglichkeit für die Übung von Körper und Geist auf dem Weg zur Erleuchtung. Hierfür wurde die Teezeremonie entwickelt. Das Teetrinken wurde nur langsam populär, erst in der Heian-Periode (784–1185) gingen die japanischen Laien zum Teetrinken über. Auf den Gründer der Tendaisekte Saichō geht die erste Teezeremonie zurück, der um 805, nahe Kyōto (Sakamoto im Shikagen), aus China mitgebrachten Tee anbaute.

Bis 1400 hatte sich das Teetrinken schließlich von der Oberschicht über die Samurai-Kaste bis hin zu den Bürgern verbreitet. Es folgten Phasen, in denen sich sowohl besonders prunkvolle Formen der Teezeremonie als auch Gegenbewegungen – die eine besonders schlichte Form der Teezusammenkunft propagierten – herausbildeten. Im 16. Jahrhundert konnte sich das Teetrinken in der Form der Teezeremonie noch weiter verbreiten, als Shogun Toyotomi Hideyoshi Teezeremonien unter freiem Himmel abhielt.

Heute ist das Trinken von Tee in Japan in vielen Varianten zu finden: in Teeschulen mit ihren Meistern und Schülern, die Teetrinken im Geiste des Zen als Übung und Kunstform betreiben, in lockeren Teezusammenkünften, bei denen auch musiziert wird, oder auch »einfach nur« als Begleitung zum Essen.

Le JAPON

MER DU JAPON

MER DU JAPON

HONSHU ou NIPPON ou NIHON

HOND

Ni-Kko

Nikko

Tokyo

Kyoto

Nagoya

Hakone

Yokoha

Kobe

Nara

Hiroshima

Mer de l'Intérieur

SHIKOKU

KYUSHU

Nagasaki

OCEAN

130°

140°

九、博入十丁御場なしでし御所…
るち御をこのに備絵下の場
人十場内に備へきないら場
て、割に備へなる場に入る
役の用の場に御覧りし場
…

六又五四三二一周囲にての番
。。。。。この料のに御座立
御御御異場御後限この時所
出は…見場後…

Sun Ya
Chinese Restaurant & Bar
- Shanghai style of cooking, with
  400 varieties of Chinese dishes.
- Open 7 days a week from 11:30
  a.m. to 10:30 p.m. for lunch and
  dinner.

"A

Pri

roo

up

★400種に亘る美味な純上海　　★米国製冷暖房装置
　風の中華料理　　　　　　　　★二階に大小（100名様迄）
★完全な近代的設備　　　　　　の宴会席と日本間が用意し
★慣習合に合う通橋　　　　　　てあります
★私宴、会宴に　　　　　　　　★年中無休
　どうぞ御利用下さい　　　　　（11:30より10:30まで営業）

> »Tee weckt den guten Geist und die weisen Gedanken.
> Er erfrischt deinen Körper und beruhigt dein Gemüt,
> bist du niedergeschlagen, wird Tee dich ermutigen.«
>
> *Shen Nung*

太 40 郎 8

山 田 太

金 木 水 ☎ (0441) 846-0438

goldener Bordelles ver mii.

酒家 雅

...nitation.
...gn & Japanese
...all or big parties
...rsons.

...区芝田村町 4 — 1

No. 1, 4-chome Tamura-cho Shiba
Minato-ku, Tokyo
(Ave. "A" between 10th
& 12th Streets)
TEL : (43) 1566 · 2962 · 4369

17

INDIEN

Eine Legende besagt, dass Prinz Siddhartha, der spätere »Buddha«, um das Jahr 500 Tee nach Indien gebracht haben soll. Er verpflichtete sich zu jahrelangem Meditieren, wurde aber nach fünf Jahren von Müdigkeit überwältigt. Während er unter einem grünen Busch rastete, pflückte er einige der Blättchen, kaute sie und staunte nicht schlecht, als dieser Genuss ihm neue Energie und Konzentration schenkte. Nach seiner Rückkehr nach Indien ließ er die ersten Teepflanzen setzen.

In welcher Form die Teepflanze auch immer entstanden ist, so sind doch indische Tees im Vergleich zu den fernöstlichen Teekulturen noch sehr jung. Erst seit knapp 170 Jahren wird in Indien Tee angebaut. Wegen des Opiumkrieges in China 1840–1842 befürchteten die Briten, sich nicht mehr auf China als Teelieferant verlassen zu können und suchten nach Anbaugebieten in Ceylon (heute Sri Lanka) und Indien.

Assam

Schon viel früher, nämlich 1823, fanden der britische Major Robert Bruce und der Inder Moneram Dewa in Nordindien – genauer gesagt in Assam – einheimische Teekulturen. Die indische Teeproduktion in größerem Stil begann jedoch erst 1834, als Gouverneur Lord William Henry Cavendish Bentinck ein Komitee gründete, um einen Plan zur Teekultivierung auszuarbeiten. Zunächst versuchte man es mit chinesischen Teepflanzen, der camellia sinensis, allerdings waren die Ergebnisse nicht zufriedenstellend. Erst mit der einheimischen camellia assamica, die von den dortigen Bergvölkern schon lange genutzt wurde, erzielte man erste Erfolge. Die Teegärten in Assam mit ihren tropischen Temperaturen und hoher Luftfeuchtigkeit waren optimal für den Assam-Tee, der 1851 erstmals bei der Weltausstellung in London einen Preis erhielt. In Assam entstanden britische Teegärten, die langsam den Markt eroberten.

YLON TEA

Darjeeling

Einige Jahre später drangen britische Soldaten in Regionen vor, die bis dahin nur von ein paar exotischen Abenteurern bereist worden waren: das Himalaya-Vorland bis in das bisher unbeachtete kleine Königreich im äußersten Norden Indiens, Darjeeling. Das milde, subtropische Klima und die reizvolle Landschaft zogen zahlreiche englische Händler und Gärtenbesitzer an und die Briten versuchten auch in dieser Region den Anbau von Tee. Die im Botanischen Garten von Calcutta gezogenen Stecklinge aus Chinapflanzen wurden von den Briten erfolgreich in den Hochtälern von Darjeeling, Terai und Dooars kultiviert und ergaben wundervoll duftende Tees, die von den Teekennern sofort als außergewöhnlich erkannt wurden. Die Hochtäler, die damals noch dem kleinen Königreich Sikkim zugehörten, wurden von den Briten dem König »abgekauft« und ab 1839 intensiv bewirtschaftet. Ähnlich der »Assam Tea Company« wurde auch hier von Lord Bentinck eine eigens auf die Bedürfnisse dieser Region zugeschnittene Gesellschaft etabliert, die »Darjeeling Tea Company«.

Haupthindernis für eine schnelle Entwicklung der Region war der Transport aus den unwegsamen Hochtälern hinab ins bengalische Tiefland, also bauten die Briten eine der spektakulärsten Eisenbahnen der Welt: die Darjeeling Railway. Nach Fertigstellung der Eisenbahn im Jahre 1870 vervielfachte sich der Anbau von Tee in den Hochtälern.

Südindien

Teegärten finden sich heute von Karnataka bis fast zum Cape Comorin entlang der Western Ghats. Da die klimatischen Bedingungen in den Nilgiri-Hills im Bundesstaat Tamil Nadu an der Grenze zu Kerala denen in den Hochtälern des Himalaya-Vorlandes sehr ähnlich waren, begannen die Engländer auch hier mit den Teestecklingen aus dem Botanischen Garten von Calcutta Tee anzubauen. Die »Blauen Berge« boten in Höhenlagen von 800 bis zu 2.000 Metern ideale Anbaulagen. Ab 1850 wurden von Cochin an Indiens Ostküste erste Nilgiri-Tees verschifft. Die schottische Firma »Finlay & Co.«, die ab 1893 einen Großteil der kultivierten Gebiete bewirtschaftete und den Vertrieb der Tees kontrollierte schuf in dieser Region de facto eine Art kleinen Staat mit Sozialstrukturen, Verkehrsverbindungen und Ausbildungsmöglichkeiten für mehr als eine halbe Million tamilischer Pflückerinnen und Arbeiter, die so die Grundlage für den relativen Wohlstand dieser südindischen Region schufen.

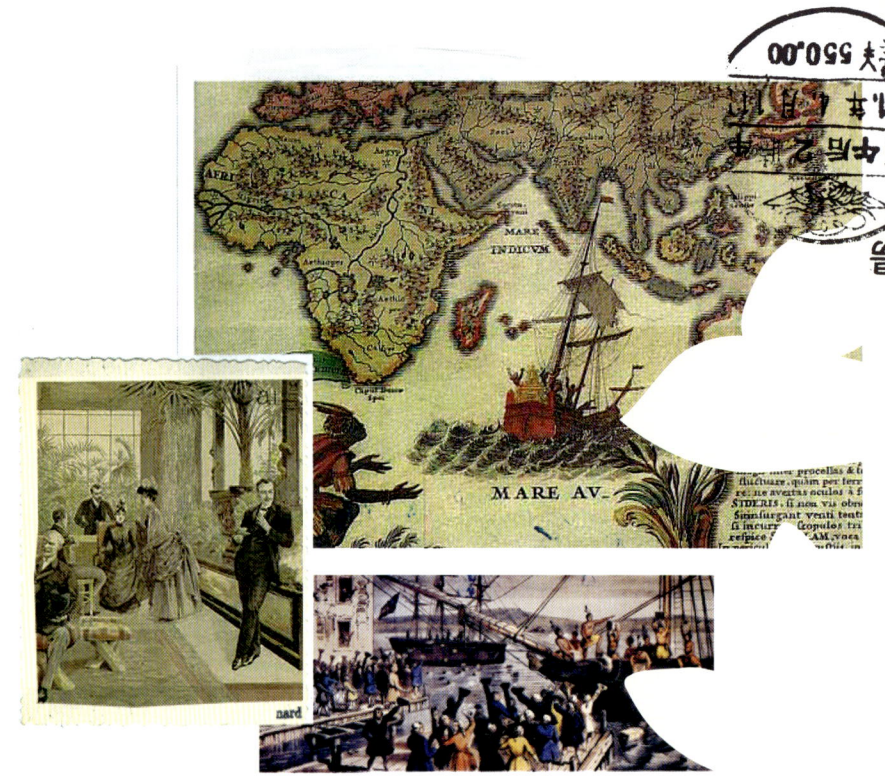

EUROPA

Nach Europa gelangte die erste Kunde vom Tee aus China um 900 n. Chr. durch arabische Seidenhändler, die von einer Pflanze berichteten, aus der man ein Getränk namens »sakh« brüht. Auch von einer Steuer auf diese Pflanze war die Rede, die ebenfalls der Weltreisende Marco Polo erwähnt, aber wiederum nicht den Tee selbst.

Neben den arabischen Händlern waren es auch Missionare, Kauf- und Seeleute, die den neumodischen grünen Tee aus dem fernen China nach Europa importierten. Über Anbau, Zubereitung, Geschmack und Wirkung berichtete aber als Erster der Italiener Giovanni Battista Ramusio.

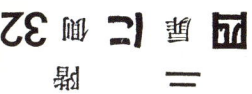

Der Weg des Tees nach Europa

Anfang des 17. Jahrhunderts fand der Tee zunächst über den Seeweg in die Alte Welt, und zwar durch portugiesische und niederländische Seefahrer. Die Niederländer besaßen im 17. Jahrhundert das Fernost-Monopol mit der Niederländisch-Ostindischen Kompanie. 1610 brachten holländische Segel-Frachtschiffe den ersten Tee aus Japan nach Amsterdam. Um das Kap der Guten Hoffnung rauschten nun auf den Karavellen unzählige Kisten voll mit chinesischem und japanischem Tee. Das Asien-Monopol wurde ab 1699 von den Engländern mit ihrer Britisch-Ostindischen Kompanie übernommen. Das einzige Problem beim Teeimport war die Zeit: Eine Seereise von China oder Japan bis England dauerte bei guten Wetterverhältnissen sechs bis neun Monate, konnte aber in Monsunmonaten, bei Stürmen oder Flauten bis zu einem Jahr länger dauern. Hinzu kamen abwechselnd Hitze und Nässe, denn zweimal musste der Äquator überquert werden – all das schadete der Qualität des Tees enorm. Nachdem die Amerikaner den Engländern nach dem Ende des Asien-Monopols nun auch noch große Konkurrenz im Teeimport machten, sann Großbritannien nach einer Möglichkeit, die Seereise zu verkürzen und fand diese in Form der eleganten »Tee-Clipper«, von denen die 1869 erbaute »Cutty Sark« einer der berühmtesten ist und auch ein bekanntes Whisky-Etikett ziert. Die »Cutty Sark« ist heute noch in Greenwich an der Themse zu besichtigen.

Die Tee-Clipper waren Segelschiffe mit vier oder mehr Masten, schnittigem Bug, hoher Ladekapazität bei geringer Tonnage und hoher Geschwindigkeit. 1866 fand das berühmte »Great Tea Race«, das Große Tee-Rennen, statt, das in Fuzhou in China startete und an dem elf Clipper teilnahmen. 99 Tage und 16.000 Seemeilen später erreichten zwei britische Tee-Clipper, die »Taeping« und die »Ariel«, England. Als 1871 der Suez-Kanal eröffnet wurde, konnte der Seeweg noch einmal erheblich verkürzt und auch endlich der Dampfschifffahrt der Weg geebnet werden, da diese Schiffe auf der Route genug Möglichkeiten zum Bunkern von Kohle hatten. Damit ging die Ära der stolzen Clipper zu Ende, das industrielle Zeitalter begann auch für die Handelsschifffahrt.

Die ersten Teetrinker in Europa waren die Portugiesen, die Tee schon ab 1580 von ihren Handelsniederlassungen in Macao nach Lissabon brachten. Mitte des 17. Jahrhunderts wurde Tee in England populär und verdrängte das beliebte selbst gebraute Bier, das damals schon auf den Frühstückstisch, zusammen mit Toastbrot und schottischem Schnaps, gehörte. Engländer galten im 17. Jahrhundert als die größten Kaffeetrinker, und zwar durch alle Gesellschaftsschichten, als 1657 im »Garway's Coffee House« zum ersten Mal das »von allen Ärzten als exzellent beschriebene chinesische Getränk« verkauft wurde. Schnell gewann Tee an Beliebtheit, sogenannte »tea & coffee tokens«, also Tee- und Kaffeejetons, zirkulierten als offizielle Währung in Londons damals über 2000 Kaffeehäusern.

Um die Mitte des 17. Jahrhunderts etablierte sich das Teetrinken auch in Holland, von wo es sich über den Atlantik nach Neu-Amsterdam, dem heutigen New York, ausbreitete. Peter Stuyvesant brachte als erster den Tee in die damals niederländische Kolonie. Dass man mitunter auch Tee aus verdorbenen Blättern trank oder ihn sonstwie unsachgemäß zubereitete, kann man an der Beschreibung »Heuwasser« nachvollziehen. Und Liselotte von der Pfalz schrieb 1712 aus Versailles, Tee schmecke absolut grauenhaft »wie Heu und Mist«.

Teeauktionen

Teeauktionen finden in den großen Hafenstädten der Erzeugerländer statt, also z.B. in Colombo, Mombasa, Kalkutta, Nairobi oder Jakarta. In Europa war London im Jahre 1834 Schauplatz der ersten Teeauktionen. Hier spielte die »Mincing Lane« eine große Rolle. Im 19. Jahrhundert kam der Tee noch ausschließlich aus China und die neue Ware war so heiß begehrt auf dem europäischen Markt, dass die Kapitäne der Segelschiffe sich jedes Mal ein hartes Rennen um den ersten Platz am Kai lieferten, um so die Ehre zu haben, als erste den Tee in der Mincing Lane abliefern zu können. Unter den Tea-Clippern war es die schon erwähnte »Cutty Sark«, die lange Zeit als einzige neben den neuen Dampfschiffen konkurrenzfähig blieb.

Die Top-Qualitäten im Tee-Fachhandel kommen jedoch heute erst gar nicht mehr auf die Auktionen, sondern werden nach der Bemusterung verkostet und direkt in den Teegärten bestellt.

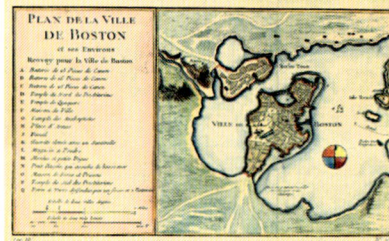

AMERIKA

Das Tee-Weltmonopol hatte die English East India Company inne, deren Blütezeit von 1600 bis 1858 währte. Sie hatte großen Einfluss sowohl auf den Import von chinesischem und indischem Tee nach England und die amerikanischen Kolonien als auch auf die Popularitätssteigerung des Getränks. Tee, wie auch Wein, Rum, Zucker, Kaffee, Seide, Indigo und Leinwand, war in Großbritannien mit hohen Zöllen belegt, was natürlich zu florierendem Schmuggel führte.

Darunter litt die Ostindienkompanie, die auf ihrem hoch verzollten und damit viel teurerem Tee sitzen blieb. Um aus der Finanzkrise herauszukommen und das Monopol fortbestehen zu lassen, erließ die britische Regierung 1773 eine Teesteuer, ohne die nordamerikanischen Kolonien bei dieser Entscheidung berücksichtigt zu haben. Jetzt folgte eines der spannendsten Kapitel in der Geschichte des Tees, wo er einmal nicht beruhigt oder sanft anregt, sondern im Gegenteil die Gemüter erhitzte. Der Protest auf die Teesteuer folgte auf dem Fuße. In der nordamerikanischen Hafenstadt Boston, dem Hauptsitz des puritanischen Widerstands gegen die englische Krone, enterten am 16.12.1773 als Indianer verkleidete Bürger in der als »Boston Tea Party« berühmt gewordenen Aktion im Handstreich drei im Hafen liegende englische Handelsschiffe der Ostindienkompanie und warfen deren Ladung über Bord – insgesamt 342 Kisten Tee.

Die Reaktion aus London war scharf: Die britische Regierung entsandte Kriegsschiffe und verfügte die Schließung des Bostoner Hafens bis zur Zahlung eines Schadensersatzes. Daraufhin entstand ein allgemeiner Aufstand der amerikanischen Kolonien gegen das Mutterland Großbritannien, gewissermaßen Vorläufer des amerikanischen Unabhängigkeitskrieges, der 1775 begann und 1776 mit der Unabhängigkeitserklärung der Kolonien von der britischen Krone endete.

DIE AUSWEITUNG DES TEEANBAUS

Tee hatte schon Mitte des 18. Jahrhunderts den größten Anteil an den nach Europa verschifften Waren. In Assam begann sich die Teeproduktion Anfang des 19. Jahrhunderts zu etablieren. In Darjeeling begann man etwa um 1850 mit dem Anbau. Auf Sri Lanka, dem ehemaligen Ceylon, begann der Teeanbau in großem Stil in den 60er Jahren des 19. Jahrhunderts, was auch dem Kaffeerostpilz zu verdanken war, der hier die großen Kaffeeplantagen vernichtet hatte.

Aus Japan importierte Samen bildeten den Grundstock des Teeanbaus auf der indonesischen Insel Java. Zunächst mit camellia sinensis, was keinen Erfolg bescherte, dann aber gelang mit dem Assam-Tee der Durchbruch im Teeanbau. Auf der Insel Sumatra wurde 1909 der erste Teegarten durch Engländer errichtet, in Malaysia 1929, in Vietnam sogar schon 1825, wo die Teeindustrie aber erheblichen Schaden durch politische Konflikte nahm. Auch in Nepal wird Tee produziert, bis vor einigen Jahren jedoch weniger für den Export als für den Eigen-konsum. Der Qualitätsanbau für den Export ist in Nepal noch jung, doch er birgt große Zukunftschancen. Tee wird überwiegend von Kleinbauern angebaut und in gemein-schaftlichen Fabriken verarbeitet.

In Bangladesh wird Tee seit den 50er Jahren des letzten Jahrhunderts produziert. Schon seit 300 Jahren ist der Tee heimisch in Taiwan – dem früheren Formosa. Auch einige afri-kanische Staaten gehören zu den Teeländern. In Malawi wurde 1878 zum ersten Mal, damals ohne Erfolg, Tee angebaut. Neue Samen kamen aus Kew Gardens, ab 1886 Londons botanischer Garten. 1891 wurden die ersten Pflanzen aus diesen Samen gesetzt. Um die Jahrhundertwende startete man auch erste Versuche in Kenia, Uganda und Tansania. Besonders in Kenia hat sich die Teeproduktion hervorragend ent-wickelt. Andere Tee produzierende Länder Afrikas sind z. B. Burundi, Äthiopien, Ruanda, Zimbabwe und die Inseln Mauritius und Madagaskar im Indischen Ozean.

Seit dem letzten Jahrhundert wird Tee auch in Georgien, auf der Krim, in Aserbaidschan und im Iran angebaut. Sogar Europa kann sich eines Tee-Anbaugebiets rühmen: Auf die Azoren gelangten die ersten Teepflanzen aus Brasilien um 1820. In Süd-amerika wird Tee unter anderem in Ecuador, Peru, Brasilien und Argentinien angebaut. Last but not least: Auch in Australien und Papua Neuguinea wächst Tee, im australischen Queensland seit den späten 1880er Jahren. Und neuerdings hat man auch auf den Britischen Inseln, genauer in Cornwall, mit dem Anbau von Tee begonnen.

DER LANDWEG

Nicht nur auf Schiffen kam der Tee nach Europa, es zogen auch unzählige Karawanen auf den alten Seiden- und Salzstraßen von Peking durch die Wüste Gobi, durch Sibirien, am Baikalsee entlang bis zur Wolga. Angeblich war der auf diese Weise transportierte »russische« Karawanentee besser als der von den Schiffen, wo der Tee in Ladebunkern oft Monate auf See verbrachten.

Teesorten

Neben vielen anderen Tee-Erzeugerländern sind immer noch Indien, China und Sri Lanka mengenmäßig wie qualitativ die wichtigsten. China produziert sowohl Grün- als auch Schwarz- und Oolong-Tee und zahllose Spezialitäten, auch in Indien und Sri Lanka werden mittlerweile sowohl schwarze als auch grüne Tees hergestellt. In Japan dagegen ausschließlich grüner Tee.

Grundsätzlich wird zwischen drei Klassen unterschieden:
1. *grüner, unfermentierter Tee*
2. *schwarzer, fermentierter Tee*
3. *Oolong oder halbfermentierter Tee*

Weitere Formen wie weißer Tee, roter Tee oder gelber Tee werden vorwiegend in China hergestellt. Es gibt nur zwei verschiedene Teepflanzen (und Kreuzungen aus diesen beiden), aus denen die Vielfalt des Tees entsteht. Die Mannigfaltigkeit des Geschmacks, die wir in Tausenden verschiedener Teesorten entdecken können, erhält der Tee durch:

- *die unterschiedlichen klimatischen Verhältnisse in den Anbauregionen (sie variieren sogar innerhalb der Anbaugebiete von Saison zu Saison),*
- *Zeitpunkt und Sorgfalt (Form) der Pflückung,*
- *Verarbeitung des Tees / Know-how*

Schwarzer Tee aus China

Der populärste Tee im Westen ist schwarzer Tee, der durch die Fermentation seine Farbe von grün zu schwarz wechselt. Im Geschmack ist er äußerst vielfältig und variiert von blumig über fruchtig bis hin zu würzig und nussig. Schwarzen Tee gibt es auf dem europäischen Kontinent jedoch erst seit Anfang des 17. Jahrhunderts durch die ersten Importe der Holländer. Bis dahin wurde lange Zeit »nur« Grüntee aus China getrunken. Durch die Herstellung des schwarzen Tees, der in Europa – besonders natürlich in England – schnell sehr beliebt wurde, wurde der europäische vom chinesischen Markt unabhängig.

Der heute aus China importierte Schwarztee ist sehr nuancenreich und variiert geschmacklich von mild über rauchig bis kräftig.

YUNNAN

Die gleichnamige chinesische Provinz, die schon seit 1.700 Jahren für ihren Teeanbau berühmt ist, liegt an den Grenzen zu Assam, Tibet, Laos, Vietnam und Myanmar. Die dicken weichen Blätter und goldenen Knospen ergeben einen hocharomatischen Tee mit einer erdigen Note und einem vollen Aroma. Auf Chinesisch wird er auch »hongcha« (wörtlich »roter Tee«) genannt, da er von rötlich-goldener Farbe ist. Hiesige Spezialität: der auch zu therapeutischen Zwecken eingesetzte Pu-Erh.

KEEMUN

Die Krönung der chinesischen Schwarzteekunst ist ein mildaromatischer Tee aus der Provinz Anhui in Nordchina mit weniger Gerbstoffen und wenig Koffein. Sein Geschmack ist zart, mild und leicht, mit einem vollen blumigen Aroma, das an Orchideen erinnert. Sein Blatt ist gleichmäßig und fein verarbeitet. Keemun gewann bereits 1915 eine Goldmedaille auf der internationalen Ausstellung in Panama. Seinen speziellen Geschmack verdankt er einem bestimmten ätherischen Öl, dem Myrcenal, das auch in Lorbeerblättern enthalten ist, aber in keiner anderen Teesorte. Die edleren Qualitäten sind unter Keemun Imperial oder Finest bekannt, die etwas einfacheren Qualitäten heißen Keemun Congou. Am besten schmeckt er ohne Milch und Zucker als Digestif, er passt aber auch zu pikanten Speisen.

LAPSANG SOUCHONG

Aus der Provinz Fujian. Ein besonderer chinesischer schwarzer Tee von rötlicher Farbe und »knusprigem«, rauchigem Aroma. In Bambuskörbchen werden die fermentierten Teeblätter über schwelendem Pinienholz aufgehängt, bis der Tee vollkommen trocken und perfekt geräuchert ist. Man kann ihn durchaus pur trinken – ohne Zitrone, Milch oder Zucker. Er hat einen sehr eigenen charakteristischen, starken Rauchgeschmack. Dieser schöne Frühstückstee passt auch gut zu Fisch.

黃鶴樓簡介

　　黃鶴樓位于武昌蛇山西端的黃鵠磯頭，面臨大江，背倚青山，是三楚之地不可多得的勝迹。

　　據唐代李吉甫的《元和郡縣圖志》記載："吳黃武二年（公元223年）城江夏以安屯戍地也。城西臨大江，西南角因磯爲樓，名黃鶴樓。"始建于三國時期的黃鶴樓，距今有1700多年的歷史。

　　自古以來，黃鶴樓享有"天下絕景"和"天下江山第一樓"的盛譽。登樓騁目，視接千夏，憑欄俯首，景呈萬端，堪稱海內形勢絕佳處。

Theatre Municipal SAIGON - Boulevard Bonard

30

Yunnan

Keemun

Lapsang Souchong

ANDERE SCHWARZTEES AUS CHINA

Einige schwarze chinesische Tees werden nur nach ihrer Herkunft benannt, wie z.B. auch Guangdong Black, Hainan Black, Fujian Black oder Szechuan Black.

Tee wird in China nicht nur als lose Blätter, sondern auch zu Rädchen, kleinen Bällchen oder Klümpchen gepresst verkauft: Pu-Erh-Tees wie Tuancha, Tuocha oder Dschuancha sind von erdigem Aroma. Manche sehen aus wie kleine Vogelnester oder wie kleine Briketts und sind eher dekorativ als geschmacklich außergewöhnlich, werden in China jedoch durchaus als Kostbarkeiten gehandelt.

SCHWARZER TEE AUS SRI LANKA (CEYLON)

In Sri Lankas Höhenlagen von 1.500 bis 2.200 Metern finden sich drei Anbaugebiete mit Spitzentees. Diese drei gelten auf Teepackungen als Qualitätsbezeichnungen.

Ceylontee zeichnet sich durch einen frischen, angenehm herben, herzhaften Geschmack mit Lemon-Flavour aus. Die Tees aus dem Uva-Distrikt, dem östlichen der drei, sind kraftvoll, vollmundig und spritzig im Aroma. Beste Qualitäten werden zwischen Juni und September geerntet. Nuwara-Eliya-Tees werden lage- und klimabedingt das ganze Jahr über in sehr guten Qualitäten geerntet. Den Dimbulas verwandt, haben diese Tees einen angenehm leichten, aromatischen Geschmack. Die weniger gerbstoffhaltigen, weicheren Tees des Dimbula-Distrikts werden in besten Qualitäten in den Monaten Februar und März geerntet. Durch das Nuwara-Eliya-Hochplateau ist der Dimbula- vom Uva-Distrikt getrennt und hat dadurch auch andere Monsunperioden. Der Dimbula hat eine goldene Farbe und einen leichten, herben Geschmack mit einer feinen Lemon-Note.

Darjeeling First Flush   Darjeeling Second Flush   Darjeeling Autumnal   Assam

SCHWARZER TEE AUS INDIEN

DARJEELING

Im Nordosten Indiens, an den Südhängen des Himalaya, entsteht der berühmte Darjeeling-Tee – darunter ohne Zweifel die wertvollsten Teesorten der Welt. Die Tees aus dieser Region sind fein, häufig mit einem frisch-blumigen Aroma.

Darjeeling First Flush

Der First Flush ist der Tee der ersten Ernte nach der Winterpause im März. Er hat einen leichten, frischen Geschmack mit wunderbar blumigem Aroma. Der First Flush wird häufig als »Flugtee« nach Europa gebracht.

Darjeeling Second Flush

Diese Tees stammen aus der Pflückperiode von Mitte Mai bis Ende Juni. Sie ist die zweite Haupt-Pflückperiode, daher der Name. First- und Second Flush werden jedoch noch von der Ernte des In Between im April unterbrochen.

Der Genuss des feinen, nuancenreichen Second Flush ist ein Erlebnis, denn dieses Aroma hat unendlich viel zu bieten: Die Tees sind kräftiger, manchmal nussig, angenehm aromatisch. Seine Farbe leuchtet orange-rot bis braun.

Darjeeling Autumnal

Nach der Zeit des Monsuns von Ende Oktober bis zum Ende der Erntezeit im November wird dieser »herbstliche« Darjeeling geerntet. Der Autumnal hat nicht die Fülle des Second oder First Flush und ist geprägt von feiner Leichtigkeit. Und passend zum Herbst ist sein Teeblatt bunt mit grünen, braunen und schwarzen Blättern.

Sikkim   Nilgiri   Nepal

ASSAM

Assam, die Hochebene im Norden Indiens, ist das größte zusammenhängende Teeanbaugebiet der Welt und seine gleichnamigen Tees gehören zu den kräftigsten Sorten schwarzen Tees. Sein Geschmack ist voll, würzig, malzig mit einer kupferroten bis dunkelbraunen Tassenfarbe. Er ist die Grundlage der »Ostfriesen Mischung«.

SIKKIM

In der nördlichen Nachbarschaft Darjeelings, an der Grenze zu Nepal, Tibet und Buthan, liegt der einzige Teegarten Sikkims mit dem Namen Temi. Sikkim-Tee hat einen ähnlichen Charakter wie Darjeeling-Tee, mit etwas mehr Kraft und Körper. In seinem Geschmack finden sich herbe und zugleich blumige Nuancen.

NILGIRI

Im Süden Indiens wird Tee im hügeligen Hochland der Provinzen Karntaka, Kerala und Tamil Nadu zwischen 800 und 2.000 Metern Höhe angebaut. Das Nilgiri-Anbaugebiet liegt auf einer Höhenlage von bis zu 2.000 Metern. Er wird das ganze Jahr über geerntet, die besten Qualitäten werden aber zwischen Dezember und Januar gepflückt. Sein frischer Geschmack erinnert an die herben, aromatischen Ceylons mit einem feinen Lemon-Aroma zur Trockenzeit und um den Jahreswechsel.

NEPAL

Der Anbau und die Verarbeitung von Tee im Königreich Nepal haben sich seit der Privatisierung vieler Gärten enorm entwickelt und bringen mittlerweile feine, frische Sorten hervor, die es mit dem Darjeeling durchaus aufnehmen können.

Junge Gärten mit ebenso jungen Teepflanzen und beste Anbaubedingungen lassen für die Zukunft viel erwarten. Allzu oft wird die Entwicklung jedoch durch politische Unruhen gebremst.

35

OOLONG-TEE AUS CHINA UND TAIWAN

Rund 400 Jahre reichen die Wurzeln des Oolong-Tees zurück. In Farbe, Geschmack und Herstellung liegt er zwischen seinen Verwandten Schwarz- und Grüntee. Es heißt, erstmalig sei er in den Wuyi-Bergen (Provinz Fujian) gegen Ende der Ming-Dynastie produziert worden. Traditionell wurden die Teeblätter so gedreht, dass sie aussahen wie kleine Drachen – daher der Name »Wu Long« (schwarzer Drache).

Seine Entdeckung beruht auf folgender Legende: Vor vielen hundert Jahren lebte in der Provinz Fujian ein armer Bauer in der Nähe eines der Eisernen Göttin der Barmherzigkeit gewidmeten Tempels. Da sich niemand um diesen Tempel kümmerte, war er in desolatem Zustand. Der arme Bauer putzte das Gebäude und zündete Räucherkerzen zu Ehren der Göttin an. Gerührt von seiner Uneigennützigkeit, erschien die Eiserne Göttin dem armen Bauern in einem Traum und schenkte ihm »einen Schatz gleich hinter dem Tempel«. Der Bauer suchte nun überall um den Tempel herum – er fand aber nur einen kleinen Teestrauch. Er bereitete sich aus den Blättern einen Tee, der wunderbar süß und aromatisch schmeckte – es war der »Tee der Eisernen Göttin«, goldbraun in der Farbe und fruchtig-süß im Geschmack. Der Bauer vermehrte die Teepflanze und wurde durch die nachfolgenden Ernten wohlhabend.

Die Herstellung des halb-fermentierten Tees aus langen, reifen Blättern mit vollmundigem Geschmack erfordert Zeit, Tradition und sorgfältige Handwerkskunst. Anders als beim schwarzen Tee werden nicht die Zellwände komplett aufgebrochen, sondern nur die Blätter eingerissen – eine Arbeit, die viel Praxis und Erfahrung erfordert. Auch die leichte Fermentation wird in Handarbeit erreicht, so dass die Blattränder leicht anfermentiert sind und dunkler als in der Mitte des Blattes.

Oolongs sind im Geschmack viel feiner und zarter als schwarze Tees. Sie haben nicht die herbe Note des grünen Tees, sondern eine leichte Süße.

Taiwan Oolong　　　*Chinesischer Oolong*

TAIWAN *(FORMOSA)* OOLONG

Formosa, schön, nannten die Portugiesen die Insel des heutigen Taiwan. Obwohl der chinesische Name Taiwan seit dem 16. Jahrhundert gebräuchlich ist, hat sich Formosa für die Bezeichnung des Tees erhalten.

Obwohl der Oolong ursprünglich aus China kommt, sind die Qualitäten der Oolongs aus Taiwan deutlich feiner. Ihr Geschmack erinnert häufig an den Duft reifer Pfirsiche, ist vollmundig und mild-aromatisch.

CHINESISCHER OOLONG

Chinesischer Oolong-Tee mit seiner kürzeren Fermentationsdauer hat deutlich mehr Grünteecharakter. Ein ideales Frühstücksgetränk – auch ohne Milch und Zucker. Bei der Zubereitung der zarten, feinen Oolong-Tees ist die Verwendung von weichem, gefiltertem Wasser besonders zu empfehlen (bei allen anderen Tees natürlich auch).

GUNPOWDER

ist ein klassischer grüner Tee, dessen Blätter zu Kügelchen gerollt werden. Diese Form und seine »explosionsartige« Entwicklung beim Aufbrühen geben diesem Tee seinen Namen: Gunpowder – Schießpulver.

Sein Geschmack ist herb-kräftig und frisch mit einer leicht blumigen Note.

GRÜNER TEE AUS CHINA

Grüner Tee wird nach dem Pflücken nicht fermentiert, sondern durch Rösten oder Dämpfen kurz erhitzt, ggf. gerollt, und dann getrocknet. Dadurch behält der Tee seine grüne Farbe und wertvolle Inhaltsstoffe wie Mineralien, Vitamine und Fluoride. Chinesischer Grüntee wird nicht mehr allein in China-Restaurants zum Essen serviert, die Menge konsumierten Grüntees hat sich hierzulande in den letzten Jahren vervielfacht.

Der Geschmack reicht von grasig-herb bis duftig-süß.

CHUN MEE

Der Chun Mee Tee ist neben dem Gunpowder der am meisten exportierte grüne Tee Chinas, wird aber auch in Taiwan (Formosa) und Indonesien produziert. Er gilt normalerweise als einer der einfachsten Grüntees, er ist preisgünstig und wird auch aromatisiert angeboten. Mittlerweile gibt es den Chun Mee aber auch in verschiedenen feineren Standards. Sein Aroma ist typisch herb und ohne Schnörkel. Seine Blätter sind hell- oder dunkelgrün, fast kugelig oder auch schwächer gerollt.

Gunpowder   Chun Mee   Lung Ching   Pilo Chun

Mao Feng   Mu Dan

LUNG CHING – *DRAGON WELL*

In China einer der beliebtesten grünen Tees. Mao Tse Tung servierte ihn Präsident Nixon bei ihrem ersten Treffen. Einer Legende nach drohte eine Dürre große Teegärten zu vernichten, so ging ein Mönch zu einem Drachen, der bei einer nahe gelegenen Quelle wohnte, um für Regen zu beten. Der Drache erfüllte dem Mönch seine Bitte und seitdem versiegte die Quelle nie wieder. So erhielt der Tee seinen Namen: Lung Ching, Drachenbrunnen – oder in seiner englischen Übersetzung »Dragon Well«. Der Lung Ching Tee ist ein feiner, erlesener Tee mit einem süßlich blumigen Duft und langen gepressten Blättern.

Der jadegrüne Tee überrascht durch einen ausgesprochen milden und leichten Geschmack, ohne Bitterkeit. Chinesen sagen diesem Tee eine kühlende Wirkung nach, weswegen er besonders in den Sommermonaten beliebt ist. Auch auf Formosa (Taiwan) wird der Lung Ching angebaut, er schmeckt im Unterschied zum chinesischen kräftiger und würziger, etwas weniger blumig mit einer feinen Süße.

PI LO CHUN

Der Pi Lo Chun wird sowohl in China als auch in Formosa produziert. Dunkelgrüne, lange, spiralförmige Blätter kennzeichnen den Pi Lo Chun aus Formosa. Er duftet zart nach Blüten und Mangos und hat einen lieblichen, fruchtigen Geschmack. Der Tee aus China hat kürzere, leicht gedrehte Blätter und ein erfrischend weiches Aroma.

MAO FENG

Ist ein feiner Grüntee mit silbrig-grünen, sorgfältig verarbeiteten Blättern. Er hat ein blumig-mildes Aroma mit zartem, doch rundem und sehr vielseitigem Geschmack. Sein Geschmack ist alles andere als alltäglich und er verdient mehr Beachtung, als ihn einfach nur nebenher zu trinken.

MU DAN

Immer öfter trifft man in Teefachgeschäften auf diese chinesische Grüntee-Spezialität, unter den verschiedensten Namen. Auf Deutsch bedeutet Mu-Dan »Pfingstrose«, in China versinnbildlicht sie Reichtum und Schönheit. Die Teeblätter werden zu kleinen Rosetten, Kugeln oder Blüten gebunden und genäht. Im Inneren verbergen sich manchmal kleine Chrysanthemenblüten, Jasmin oder Nelken. Erst in Verbindung mit heißem Wasser öffnen sich die Blüten und ergeben ein wunderschönes Bild im Teeglas. Der Geschmack ist blumig und leicht süßlich. Als Basistees werden Lung Ching, Pi Lo Chun und Huang Shan Mao Feng Sorten verwendet.

Sencha

Bancha

Houjicha

Matcha

Gyokuro

GRÜNER TEE AUS JAPAN

Im Vergleich zu chinesischem Grüntee sind die japanischen Sorten überwiegend gehaltvoller und »grüner«.

SENCHA

Sencha ist die populärste Teesorte in Japan. Er besteht aus langen, grünen, gepressten Teeblättern. Sein Name bedeutet gedämpft, denn er wird nach der Ernte leicht gedämpft. Den Sencha gibt es in einer Fülle von unterschiedlichsten Qualitäten, von einfach bis edel. Hochwertiger Sencha duftet nach frischem Gras. Der Geschmack ist typisch leicht herb, aber mit einer überraschenden Süße. Sein Aroma entfaltet sich am besten, wenn Sie das aufgekochte Wasser vor dem Aufgießen auf bis zu 70 °C abkühlen lassen.

BANCHA

Der Bancha ist ein japanischer Alltagstee. Er hat große, leicht gerollte Blätter, daher auch sein Name: Bancha – Großblatt-Tee. Er hat ein frisches, belebendes Aroma und kann durch seinen niedrigen Koffeingehalt auch noch abends getrunken werden. Der Bancha enthält viel Calcium und Eisen und wird in der japanischen makrobiotischen Ernährungsweise empfohlen.

MATCHA

ist ein japanischer Pulvertee der Spitzenklasse, der aus Schattentees hergestellt wird. Er ist *der* Tee der japansichen Teezeremonie. Das leuchtend grüne Pulver wird mit heißem Wasser in einer Schale aufgegossen und mit einem Bambusbesen aufgeschäumt. Ohne die klassischen Utensilien der Teezeremonie lohnt sich eine Anschaffung von Matcha auch für ein Grüntee-Sorbet oder Grüntee-Eis. Der Matcha hat einen sehr konzentrierten herben Geschmack mit einem hohen Gehalt an Carotin, Vitamin A und D.

GYOKURO

gehört zu den feinsten und kostbarsten japanischen Grüntees. Sobald kleinste Knospen sprießen, legt man Bambusmatten über die ganze Fläche, sodass möglichst wenig Licht einfällt. Im Schatten bilden die Blätter mehr Chlorophyll und weniger Bitterstoffe, so gibt es einen vollfruchtigen, aromatischen Grüntee, der eine eigene Süße entfaltet. Gyokuro duftet aromatisch, hat tiefgrüne Blätter und ist von weichem, mildem Geschmack. Es werden nur die Blätter der ersten Pflückung verwendet.

HOUJICHA

oder auch Roasted Bancha wurde kreiert, um den Geschmack des »normalen« Bancha zu variieren. Wörtlich übersetzt bedeutet der Begriff gegrilltes Teeblatt. Der Tee wird geröstet und ist leicht, rötlichbraun und schmeckt nussig. Manche rücken diesen Tee geschmacklich in die Nähe des Kaffees, er hat aber wie der Bancha kaum Koffein. Er schmeckt besonders gut zu aromatischen Speisen, z. B. zu Sushi und Sashimi und kann heiß, warm oder kalt getrunken werden.

41

Eine Besonderheit unter den Tees ist
WEISSER TEE AUS CHINA

Eigentlich ein grüner Tee, gilt er als die edelste Teesorte und trägt poetische Namen wie »Weiße Pfingstrose« oder »Wassergeist«. Viele Legenden ranken sich um diesen erstmals in der Ming-Dynastie erwähnten Tee. Seine Heimat sind die hoch gelegenen Bergregionen der chinesischen Provinz Fujian. Nur die jüngsten Blättchen des Teestrauchs bzw. deren noch ungeöffnete, mit silbrig-weißem Flaum bedeckte Knospen, werden für weißen Tee verwendet. Nach dem Pflücken welken sie bei schwachem Tageslicht und fermentieren dabei leicht, sie werden kurz erhitzt und nochmals luftgetrocknet. Seine Exklusivität verdankt weißer Tee der sorgfältigen Auswahl des Pflückguts. In China ist er schon seit dem 11. Jahrhundert bekannt und soll lebensverlängernde Kräfte besitzen. Für 1 kg Teeblätter müssen bis zu 30.000 Blattknospen geerntet werden! Weißer Tee hat ein süßes, liebliches Aroma und liegt geschmacklich zwischen grünem und halbfermentiertem (Oolong) Tee, delikat und frisch (s. u.).

Der bekannteste weiße Tee ist sicher Pai Mu Tan (Baimudan, White Peony) aus der Provinz Fujian, ein seltener Tee aus kleinen Knospen und Blättchen, der zum Frühlingsanfang gepflückt wird, kurz bevor sich die Blattknospen öffnen. In der Tasse präsentiert er sich blassgelb mit frischem Aroma und samtig-weichem und zart edlem Geschmack.

Yin Zhen (Yinfeng, Silver Needles) kommt ebenfalls aus Fujian. Er gilt als der perfekte weiße Tee mit Blättchen wie silberne Nadeln. Wenn man sie aufbrüht, schwimmen sie zunächst waagerecht an der Oberfläche und stellen sich langsam aufrecht. Schließlich sinken sie zu Boden – ein hübsches Schauspiel. Er hat einen samtig-weichen, eleganten Geschmack.

ANDERE TEESORTEN

Neben den klassischen Tees – grün, schwarz, Oolong – bietet der Markt eine Fülle an aromatisierten Tees, außerdem Blüten-, Kräuter- und Spezialitäten-Mischungen, die die Welt des Tees unendlich bereichern. Hier ist für jeden Geschmack und für jede Gelegenheit etwas dabei.

KLASSISCHE MISCHUNGEN

Viele hauseigene Mischungen bestehen aus z. T. 15 Sorten und mehr, je nach Charakter auch aus verschiedenen Ursprungs-ländern. Als Beispiele seien genannt:

Die Englische Mischung

(auch Frühstückstee oder English Breakfast Tea) besteht aus verschiedenen indischen Tees mit blumig-kräftigem Aroma. Je nach Marke auch mit einem Anteil Ceylon-Tee.

Die Russische Mischung

(auch Karawanentee) kombiniert feine Tees aus China, Tai-wan (Formosa) und Indien. Benannt wurde sie nach den Ka-rawanen, die früher den Tee aus Fernost auf dem Landweg nach Europa brachten.

Die ostfriesische Mischung

basiert grundsätzlich auf kräftigen Assam Second Flush-Sor-ten. Für die typisch ostfriesische Teestunde wird der Tee mit Kandis (Kluntje) und Rahm (Wulkje) getrunken.

AROMATISIERTE TEEMISCHUNGEN

Das Sortiment an aromatisierten Teesorten ist immens: Man unterscheidet Sorten, die allein durch das Hinzufügen von frischen Blüten oder anderen duftigen Pflanzenteilen hergestellt werden (z.B. Jasmintee) und Sorten, die durch die Zugabe von (flüssigen oder Granulat-)Aromastoffen (z.B. Earl Grey) gemischt werden. In China wurde schwarzer Tee schon immer gerne mit Blüten gemischt, wobei jede Region eine eigene Mischung besitzt und stolz darauf ist. Die Teeblätter werden dabei zusammen mit den Blüten getrocknet, damit sich die Aromen besser miteinander verbinden.

Schwarzer Jasmintee

Klassische chinesische Teemischung aus schwarzen Teeblättern und Jasminblüten mit hochfeinem Aroma und Geschmack. In China ist es das traditionelle Getränk zu Dim-Sum-Gerichten.

Grüner Jasmintee

Ebenfalls ein klassischer Tee aus nicht fermentierten Teeblättern. Frisch gepflückte Jasminblüten werden dem Grüntee, nachdem dieser getrocknet wurde, beigemengt. Wenn der Tee das Aroma des Jasmins angenommen hat, werden die Jasminblüten wieder entfernt.

Earl Grey

Grundlage bilden schwarze Tees aus China oder Ceylon bis hin zu Darjeelings, die mit dem Öl der Bergamotte (einer Zitrusfrucht) aromatisiert werden. Namensgeber war der britische Diplomat Earl Grey, der das Rezept von einem chinesischen Mandarin nach England brachte.

SPEZIALTEES

Honeybush Tea (Honeybusch)

Dieser Tee wird schon seit über 300 Jahren von den Einheimischen am Kap der Guten Hoffnung geerntet – wo er in paradiesischer Umgebung gedeiht. Die Zweige und Blätter werden gepflückt, zerkleinert und fermentiert wie der schwarze Tee. Während der Fermentation wechselt das Pflückgut seine Farbe von grün zu dunkelbraun, es entwickelt sich ein süßes Aroma. Honeybuschtee ist koffeinfrei und kann antibakteriell und antiviral wirken.

Rooibush Tea (Rotbusch)

Im milden Seeklima der Nordwestküste Südafrikas gedeiht der Rotbusch, der mit seinen nadelartigen Blättern und gelben Blüten einem Ginsterstrauch ähnelt. Wie der Honeybusch werden die Blättchen zerkleinert, fermentiert und unter der Sonne auf natürliche Weise getrocknet. Dabei gewinnen sie ihre rotbraune Farbe und das sortentypische süße Aroma. Es gibt auch einen grünen Rotbusch, der nicht fermentiert, sondern nur getrocknet wird. Er ist im Vergleich zum milden und vollmundigen Rooibush herber und blumiger. Rooibush ist in Südafrika schon lange Nationalgetränk. Sein Mineralienreichtum macht ihn zu einer gesunden Erfrischung. Die südafrikanische Volksmedizin benutzt ihn wegen seiner vielfältigen Heilwirkungen. Er kurbelt den Stoffwechsel an, stärkt die Abwehr, hilft bei Blähungen (sogar bei Säuglingen), bei Blutarmut, Durchfall, Magen- und Darmentzündungen, bei Durchblutungsstörungen, Nervosität, Schlafstörungen und depressiven Verstimmungen.

Rooibushtee ist koffeinfrei und daher auch für Kinder ein idealer Durstlöscher und Begleiter zu jeder Gelegenheit. Man kann ihn kalt oder warm genießen, mit oder ohne Zucker, Milch, Zitrone oder Honig. Außerdem lässt er sich hervorragend mit Fruchtsäften, Sekt oder Rotwein mischen.

Genmaicha (Brauner-Reis-Tee)

Dieser japanische Tee enthält neben grünen Teeblättern braune Reis- oder Puffreiskörner. Nach dem Aufgießen entwickelt sich ein zartes Aroma von geröstetem Reis, das manche an Popcorn erinnert. Er ist sehr beliebt in japanischen Restaurants.

Pu-Erh-Tee

Aus dem Süden der chinesischen Provinz Yunnan, er wächst auf ca. 2.000 m Höhe. Nach Ansicht vieler Experten einer der wertvollsten Tees überhaupt, Tee der Kaiser, der früher allein den Herrschern Chinas zustand. Die Blätter kommen vom Qingmao-Teebaum und machen einen speziellen Fermentations-Prozess durch. Pu-Erh-Tee wird besonders wegen seiner Heilkraft geschätzt. Bis zur Machtergreifung Mao Tsetungs im Jahr 1949 war er tabu für das einfache Volk. Chinesische Ärzte sind der Meinung, dass dieser Tee sehr gesund für den Blutkreislauf ist. Pu-Erh hat dunkel-rötliche Blätter und ein starkes, anhaltendes Aroma. Er soll entgiftend und verdauungsfördernd wirken. Übrigens: Pu-Erh-Tee wird nach längerer Lagerung immer besser! Allerdings verträgt er keine starken Gewürze neben sich. Ergiebig ist Pu-Erh-Tee auch noch: Die Blätter können bis zu viermal mit nicht mehr kochendem Wasser aufgegossen werden.

Mate-Tee

Schon seit Jahrhunderten von den eingeborenen Guarani-Indianern Südamerikas in Brasilien, Paraguay, Uruguay und Argentinien geschätztes Getränk – viel beliebter als Kaffee. Mate kurbelt Stoffwechsel und Verdauung an, nimmt Hungergefühl und wirkt stimulierend auf den ganzen Körper. Der Geist wird wach, Allergien und Stress werden gemindert, das Immunsystem gestärkt.

Mugicha (Geröstete Gerste)

Dieser Aufguss aus gerösteter Gerste ist ein erfrischendes Getränk und in Japan schon seit Hunderten von Jahren beliebt. Die nur leicht gerösteten Gerstenkörner ergeben ein unvergleichliches, nussiges Aroma. Der Aufguss ist nahrhaft und koffeinfrei und schmeckt mild.

Teeverkostung

Mehr als drei Millionen Tonnen Tee werden jährlich weltweit produziert, über die Hälfte davon verbleibt in den Erzeugerländern. Die restliche Menge bilden die Welt-Tee-Exporte, und diese müssen alle verkostet und bewertet werden, bevor sie in den Handel gelangen.

Eine Teeverkostung wird von geschulten Testern, den sogenannten »Tea Taster(n)« durchgeführt, die ständig die sensorische Qualität der Produktionsmuster prüfen, und zwar immer nur innerhalb einer Provenienz oder einer Ernteperiode, z.B. werden nur Darjeelings aus dem First oder Second Flush, also aus der ersten oder zweiten Ernte, miteinander verglichen. Solch eine professionelle Teeverkostung kann man nicht mit Vergleichsverkostungen für Laien oder Kunden vergleichen, bei der man auf die Geschmacksvariationen aufmerksam gemacht wird und seinen Lieblings-tee herausfinden kann. Schließlich gibt es Tausende von Tees, die sich je nach Herkunft, Anbau, Pflück- und Verarbeitungsmethode unterscheiden.

樣 枝 校

昼 夜

Dann folgt ein Saugen, Schlürfen, Schlucken, Spucken und Schmatzen – eine Kunst, die nur erfahrene Tea-Taster beherrschen. Beim Schlürfen wird Sauerstoff über den Gaumen bis in die Nase zugeführt, wodurch der Tester die Aromapartikel besonders gut wahrnehmen kann.

Natürlich braucht ein Tea-Taster jahrelange Erfahrung, um täglich bis zu 250 Muster verkosten und vergleichen zu können – ganz ähnlich wie bei einem Wein-Sommelier.
Diese Arbeit stellt höchste Anforderungen an Geruchs- und Geschmackssinn. Die Tees werden nach seinen Vorgaben gemischt, um eine gleichbleibende Markenqualität zu erzielen. Um zu wissen, welche Teesorten man miteinander mischen kann (»blends«), muss der Teeverkoster alle Sorten der Welt kennen – und auch den Geschmack der Verbraucher.
Nach dem Fachwissen und Urteil des Teeverkosters richtet sich auch der Preis der Ware, denn der Tea-Taster ist auch Verhandlungspartner der Teehändler.

Beim Tea-Tasting handelt es sich um ein kompliziertes Verfahren, das – vereinfacht ausgedrückt – das Profil des einzelnen Tees ermittelt und bewertet. Solch eine Teeverkostungstheke ist lang und mit zig Schälchen bestückt, die auf ihre Verkostung warten. Finger, Auge, Nase und Zunge sind die Werkzeuge des Tea-Tasters – oft kann ein solcher Experte schon an Geruch, Blattbeschaffenheit und Farbe des Aufgusses Herkunft und Qualität beurteilen. Weiches Wasser ist wichtig, und auch die Menge der Teeblätter. Diese können aber bei den einzelnen Teehandelshäusern variieren, international üblich – ebenso wie das spezielle Verkostungsgeschirr – sind jedoch ca. 2,8 g auf eine Verkostungstasse.

Der Beruf des Tee-Tasters oder Teeverkosters ist kein klassischer Lehrberuf. Meist beginnt es mit einer kaufmännischen Ausbildung und der Anstellung in einem Teehandelshaus. Dort lernt man dann in vielen Jahren – bis man sein Handwerk beherrscht, immerhin ungefähr sieben – von erfahrenen Teeverkostern, Zunge und Gaumen zu schulen und alle Teesorten nahezu blind bestimmen zu können. Neben Zeit und Erfahrung braucht es natürlich auch Liebe zum Tee. *(Auf den Seiten 52 und 53 beschreibt der Journalist August F. Winkler eindrucksvoll eine professionelle Teeverkostung im Hause TeeGschwendner.)*

Die Fachsprache der Teeverkoster ist Englisch und umfasst ein schier unerschöpfliches Vokabular und spezielle Fachausdrücke, ähnlich dem der Sommeliers. Ein paar der gebräuchlichsten und wichtigsten Wörter:

Even	Bezeichnung für einen Tee mit gleich großen Blättern	Character	herausragende Eigenschaft des Tees beim Probieren
Clean	gut sortierter Tee ohne Holz, Staub oder Fasern	Strength	Kraft und Frische des frisch aufgegossenen Tees
Stylish	gut verarbeiteter Tee mit drahtigem Blatt	Full	kräftiger Tee ohne Bitterkeit
Twisted	Tee aus gut und eng gerollten Blättern	Bright	guter Tee mit roter Färbung
Flavour	Duft des trockenen Tees sowie der frisch aufgebrühten Tasse	Body	kräftiger, vollmundiger Tee
		Thick	konzentrierter Tee mit dunkler Färbung

51

TEA-TASTER THOMAS HOLZ: EIN LEBEN FÜR DEN TEE

Ein Portrait von August F. Winkler

Es gleicht einem prächtigen Schauspiel, wenn Thomas Holz in Ausübung seines Berufes den Tee irgendwie mehr inhaliert als trinkt. Er ist Master-Tea-Taster bei TeeGschwendner, und wenn er in seinem Kontor die Muster probiert, die ihm Agenten aus der Teewelt rund um den Globus zuschicken, klingt es wie eine rustikale Sinfonie vom Lande. Der gewaltige Schmatz, mit dem Holz jeden Schluck in sich hineinzieht, ist mit schlürfen noch gnädig beschrieben; eher hören sich die Sauggeräusche, mit denen der Tea-Taster jeden Schluck Tee aufsaugt, daran kurz und herrisch, doch sichtlich konzentriert herumschmatzt und gleich wieder zielsicher in einen Kupferbehälter ausspuckt, nach einem Luft japsenden Ferrari an, der mit Vollgas vom ersten in den zweiten Gang hochgeschaltet wird.

Eine feine Five o'Clock-Gesellschaft würde es bei diesen gurgelnden Schlürfarien aus den Sesseln heben, doch Holz hat nicht etwa schlechte Manieren. Der hünenhafte Mann zieht beim Verkosten der diversen Tees – wie Winzer beim Wein – möglichst viel Luft ein, weil diese Sauerstoffdusche die Entwicklung der Aromen fördert. Holz röntgt sozusagen jeden Schluck geschmacklich. Zuvor hat er bereits die Farbe, die Struktur und den Duft des Tees begutachtet. Von seinem Urteil hängt es ab, welche Tees eingekauft werden.

An solchen Testtagen verkostet Thomas Holz bis zu 300 und mehr Muster aus aller Welt. Leicht vornübergebeugt steht er am Tresen, auf dem die teegefüllten Tassen soldatengleich in schnurgerader Linie aufgereiht sind. Nichts scheint ihn ablenken zu können. Erst wird die Farbe geprüft, dann mit hohem sittlichem Ernst an den prall aufgegangenen Teeblättern gerochen, die nach international gültigem Comment exakt fünf Minuten lang gezogen haben. Bei der einen Tasse legt sich sein Gesicht traurig in Falten. Der Tee schmeckt disharmonisch, er ist vielleicht zu bitter, dumpf, holzig, gar moderig, also wird er aussortiert, nichts für Gschwendner. Doch plötzlich hellt sich die Miene des Tea-Tasters auf, seine Augen strahlen, er hat eine Spitzenqualität entdeckt. Und wie es der Zufall will, kommt Albert Gschwendner, der Chef des Unternehmens und gleich-

falls ein kompetenter Fachmann, gerade jetzt in den hell eingerichteten Verkostungsraum, als hätte er geahnt, dass es etwas besonders Exquisites zu probieren gilt. Drei Tees begeistern die Männer: ein feinwürziger und zugleich eleganter Assam aus dem Teegarten Mangalam, ein grüner Shincha Shimoyama First Flush aus Japan sowie der halbfermentierte Oolong Phoobsering aus Darjeeling. Letzterer, eine Rarität, von der es weltweit nur 95 Kilogramm gibt, lässt Holz und Gschwendner zu Poeten werden; sie schwärmen von einem feinen Aromengewebe aus Rosen, Strauchblüten und Akazienhonig, rühmen die grazile Geschmacksstruktur und sprechen von einem Meditationstee.

Man ist sich sofort einig, dass diese Top-Tees unter der Edelmarke »Edmon's« ins Programm aufgenommen werden. Das ist bei Gschwendner die »Sophisticated tea selection«, die das Beste aus aller Welt bietet. Vorher müssen die Muster – wie alle Gschwendner-Tees – ins Laboratorium, wo sie penibel auf ihre Reinheit untersucht werden. Ob es eine Rarität ist wie der japanische Grüntee namens »Kabuse-Cha«, ein zu feinen Nadeln gerollter Halbschattentee, ob es ein malziger Assam ist, ein Yasmintee oder biologisch gewonnener Kräutertee: Beim Tee verbinden sich Geschmack mit Genuss und Gesundheit zu einer attraktiven Kombination.

Die Aufgabe von Thomas Holz – von Haus aus ein gelernter Bankkaufmann, nach einer Ausbildung bei einem Hamburger Tee-Importeur seit 1994 bei TeeGschwendner und inzwischen auch »Geschäftsführer Handel« – besteht darin, aus Tausenden von Teesorten, die sich je nach Pflanze, Herkunft, Klima, Anbau, Pflück-, Ernte- und Verarbeitungsmethoden unterscheiden, Jahr für Jahr das Beste zu selektieren. Immer wieder findet der Tea-Taster mit traumwandlerischer Sicherheit in einer Flut von Mustern die richtigen heraus. Eine ganze Reihe von Kriterien wie Geschmack, Geruch, Blattbeschaffenheit oder Farbe des Aufgusses »liest« er im Kontext der Herkunftsländer und beurteilt so Qualität und Preis. Sieht man ihn in der Meckenheimer Zentrale an der langen Teeverkostungstheke riechen, schlürfen, spucken und in Windeseile sein Urteil bilden, beginnt man zu ahnen, womit er die Juwelen herausfiltert: mit scharfen Sinnen dank einer hochsensibel eingestellten Zunge, seinem unschätzbaren Kapital. Es ist schon so: Tea-Taster wie Thomas Holz werden nicht gemacht, sondern geboren.

Die Teeproduktion

Es werden botanisch nur drei Teepflanzen unterschieden. Alle Sorten des Tees entstehen aus den Blättern dieser drei Pflanzen. Die Sortenvielfalt ergibt sich aus den unterschiedlichen Klimata der Anbaugebiete und natürlich aus der Art der Verarbeitung.

Die Urpflanzen des Tees sind die immergrünen Baumgewächse camellia sinensis und camellia assamica, wobei sich die Wissenschaftler nicht über die ursprüngliche Teepflanze einigen können. Eine Kreuzung der beiden Stammpflanzen, die sogenannte Assam-Hybride, ist heute Grundlage für die meisten Teekulturen. Durch ständige Kreuzungen der beiden Ur-Pflanzen kam man zu immer aromatischeren, feineren und widerstandsfähigeren Arten.

DIE TEEPFLANZE

Camellia sinensis (sie wird auch China-Busch genannt) wurde vor etwa 5.000 Jahren als wild wachsender Teestrauch in China entdeckt. Die Pflanze ist recht widerstandsfähig und frostverträglich, wird unbeschnitten 4–6 Meter hoch und hat 4–8 Zentimeter lange Blätter. Ihre Blätter sind die schmalsten und zartesten unter den drei Pflanzen. So wird aus ihnen auch der Tee mit dem zartesten Aroma hergestellt. Auch zur Herstellung von grünem Tee eignen sich die kleineren Blätter der Camellia sinensis besser als die der assamica, sie ergeben einen milderen, weniger herben Aufguss.

Die Varietät assamica hingegen ist eine tropische, Wärme liebende Pflanze, 10–12 Zentimeter lange Blätter hat und 12–15 Meter hoch wachsen könnte, wenn man sie ließe. Teepflanzen in Teegärten – egal in welcher Anbauregion – werden jedoch immer als Sträucher gehalten.

Tee wird in tropischen und subtropischen Gebieten kultiviert. Am besten gedeiht er in höheren Lagen ab 1.500 bis 2.500 Meter, und zwar auf der ganzen Welt: in China, Indien, Indonesien, Sri Lanka, Vietnam genauso wie in Kenia, Tansania, Kamerun, in Südamerika und sogar in Papua-Neuguinea und neuerdings auch in Cornwall auf den britischen Inseln.

Zum optimalen Gedeihen braucht Tee mittlere Jahrestemperaturen von mindestens 18 °C und höchstens 32 °C, möglichst wenig oder höchstens mäßigen Frost, täglich 4–5 Stunden Sonne und gleichmäßig über das Jahr verteilte Regenmengen. Die gut 6 Meter lange Pfahlwurzel des Teestrauches braucht einen tiefgründigen, gut durchlüfteten Boden, nährstoffreich und sauer. Staunässe mag der Tee überhaupt nicht, deshalb auch der Terrassenbau in Bergregionen. Vor zu starker Sonneneinstrahlung schützen in regelmäßigen Abständen gepflanzte »Schattenbäume«. Sie werden so angepflanzt, dass jede Teepflanze im Laufe des Tages zumindest 10 Minuten Schatten erhält. Das reicht aus, damit sie sich kurz von der Sonne erholen kann. Die Vermehrung des Teestrauches erfolgt heute nicht mehr durch Samen, sondern über Stecklinge, das sind 2–4 Zentimeter lange Zweige mit einem Blatt und einem »Auge«, einer kleinen Knospe, die ausgesuchten Pflanzen entnommen werden. In etwa drei Jahren wachsen die Stecklinge zu kleinen Sträuchern aus, die man auspflanzen kann. Die gelblich-weißen Blüten bringen hartschalige, haselnussähnliche Früchte hervor. Die Blätter sind kurzstielig und ledern mit gezahntem Rand. Jüngere Blätter und Blattknospen besitzen einen feinen Flaum auf der Unterseite, der nach der Verarbeitung als silbriger Schimmer sichtbar ist.

Die Sträucher werden in der Regel hüfthoch gehalten, damit man sie leichter pflücken kann. Ein regelmäßiges Stutzen verhindert, dass die Pflanzen blühen oder fruchten. Auf diese Weise wird die vegetative Phase erhalten und ein Blühen oder Fruchten vermieden, die Pflanze treibt aber immer neue Zweige und Blätter – und genau darum geht es beim Teeanbau: Blühende Pflanzen treiben keine blättertragenden Äste mehr.

Auf Qualität und Geschmack haben die verschiedenen Teepflanzen eigentlich keinen Einfluss, viel wichtigere Kriterien bilden Anbaugebiete, Klima, Boden, Höhenlage und besonders die Pflückmethode und die Weiterverarbeitung. Hier verhält es sich ähnlich wie beim Wein: Ob Riesling oder Blauburgunder – alle Weine stammen von der Weinrebe ab, die Rebsorten können je nach Herkunft jedoch ganz anders schmecken, viel hängt von Standort und Keltertechnik ab. Tee kann genau wie Wein in jedem Jahr je nach Wetterlage unterschiedlich schmecken.

Tee gibt es unfermentiert (grün), halb fermentiert (Oolong) und fermentiert (schwarz). Die Chinesen entdeckten schon vor Jahrhunderten, wie man Tee fermentiert.

DIE PRODUKTION

Die richtige Verarbeitung des Tees ist ein wesentlicher Aspekt für seine Qualität. Daher ist es auch sehr wichtig, dass das Wissen hierüber in den Anbaugebieten ständig erweitert und verfeinert wird. Die grundlegenden Arbeitsschritte im Ablauf der Produktion von Tee sind jedoch seit jeher die gleichen: Welken *(bei fermentierten Tees und auch kurz bei Grünem Tee; in Japan wird der Tee auch noch gekühlt, um Fermentationsspuren auszuschließen)*, bzw. das Dämpfen *(Japan)* oder Rösten *(China)* bei grünen Tees, Rollen, Fermentieren *(nur bei Schwarztees)*, Trocknen und Sortieren.

In China und Japan ist die Kunst der Teeverarbeitung seit langer Zeit bekannt. Das Wissen über die heute noch verbreitete Form der Verarbeitung, die sog. »orthodoxe Methode« (inzwischen stark bedrängt von der CTC-Methode), gelangte erst Mitte des 18. Jahrhunderts nach England – und auch nur, weil ein als chinesischer Kaufmann verkleideter Engländer sich die Kenntnisse ohne ihr Wissen von den chinesischen Herstellern abschaute …

Diese Methode der Teeverarbeitung reimportierten die Engländer wiederum in ihre Kolonien, wo sie noch immer in grundsätzlich gleicher Form angewendet werden. Auch heute noch stehen in einigen kleinen Produktionsgenossenschaften in Indien oder Sri Lanka die alten, aber gut erhaltenen Maschinen englischer Herkunft vom Beginn des letzten Jahrhunderts. Natürlich haben sich die Maschinen entwickelt und spezialisiert. Dies hat aber nichts am Ablauf der klas-

sischen Verarbeitung geändert, mit der die frisch gepflückten Teeblätter verarbeitet werden.

Bei der klassischen Methode der Teeverarbeitung in vielen Anbauregionen ist die Arbeit der Menschen vor Ort noch wenig durch Maschinen ersetzt. Dies spiegelt sich auch im Erscheinungsbild der »Tee-Fabriken« wider, wie man sie verbreitet im Hochland der Teeregionen sieht. Pittoreske Kolonialbauten, die am Hang liegen und einen wunderbaren Blick in die Täler bieten. Eine dieser alten Fabriken im Osten Nepals wird von der Firma TeeGschwendner in Zusammenarbeit mit den Nepalesischen Gartenbesitzern zu einem Gästehaus für abenteuerlustige Tee-Interessierte umgebaut.

ERNTE

Die immergrünen Teegärten sind eine Augenweide für Touristen und Besucher. Gepflückt wird der Tee meist von Frauen. In zeitlich festgelegten Intervallen (etwa alle zehn bis vierzehn Tage während der Erntezeit) werden die Teepflanzen nach einem ganz bestimmten Pflückmuster (»two leaves and a bud« = zwei Blätter und eine Knospe) geerntet. Weitere bzw. ältere Blätter als diese hätten negative Auswirkungen auf die Teequalität. In den Höhenlagen sind weniger Ernten im Jahr möglich als im Tiefland, weil die dort herrschende Wärme die Pflanzen schneller wachsen lässt. Hochland-Tees gelten aber als qualitativ besser.

Schon vor Sonnenaufgang beginnen die Erntearbeiter und -arbeiterinnen ihr Tagwerk, flinke Finger knipsen die Blättchen und Knospen von den Zweigen und werfen sie in den Tragekorb auf dem Rücken. Wenn der Korb voll ist, so ca. 2–3-mal am Tag, tragen sie ihn in die Fabrik, wo die aufwändige Verarbeitung des Tees erfolgt.

Die durchschnittliche Pflückleistung einer Erntearbeiterin beträgt 18–24 kg Blätter pro Tag, was einem fertigen Tee von 4–6 kg entspricht.

SCHWARZER TEE

Welken

Nach dem Pflücken werden die Blätter gewogen und zum Welken entweder auf Strohmatten oder in so genannten Welktrögen von 25–30 Metern Länge ausgebreitet.

Diese sind mit Drahtgitter bespannt. Ventilatoren sorgen für gute Belüftung. Dadurch verlieren die Blätter ca. 30% ihrer Feuchtigkeit, nach 8–12 Stunden sind sie weich und geschmeidig und fertig zum Rollen.

Rollen

Beim Rollen werden die Teeblätter entweder manuell oder maschinell zu Rollen oder Schlingen aufgedreht, wodurch die Zellwände aufgebrochen werden, der Zellsaft austritt (die Voraussetzung der Fermentation) und ätherische Öle freigesetzt werden, die Duft und Aroma des Tees bestimmen. Rollmaschinen bestehen aus zwei großen, schweren Metallplatten, die sich kreisend gegeneinander bewegen. Das Rollen dauert etwa 30 Minuten (je nach Sorte in mehrfachen Rollgängen) danach können eventuell entstandene Klumpen durch Schüttelsiebe aufgelöst und die Blätter nach fein und grob sortiert werden, wobei die Fermentation schon einsetzt.

Fermentieren (Oxydieren)

Die Teeblätter werden bei feuchtwarmen 30 °C erwärmt. Der austretende Zellsaft oxydiert durch die Verbindung mit dem Sauerstoff in der Luft. Die Temperatur darf dabei nicht steigen, sonst »verbrennen« die Blättchen und schmecken auch so. Unter 30 °C sollte sie aber auch nicht sinken, denn dann stoppt der Fermentationsprozess. Durch die Fermentation werden Gerbstoffteile in den Blättern umgewandelt und die ätherischen Öle freigesetzt. Die Fermentation endet, wenn die Blättchen abzukühlen beginnen, ihren typischen Geruch und eine kupferrote Farbe angenommen haben – das alles kann bis zu drei Stunden dauern.

Trocknen

Nach der Fermentation erfolgt das Trocknen durch Heißluft bei einer Temperatur von 85 °C und mehr je nach Sorte über 20 – 30 Minuten. Während dieses Prozesses werden die Inhaltsstoffe konserviert und der Tee haltbar gemacht. Hier ist ebenso Fingerspitzengefühl gefragt, denn zu lange oder zu kurze Trockenzeiten beeinflussen das Aroma. In sogenannten mit Holz oder Gas beheizten Etagentrocknern durchläuft der Tee den Trockner auf einem Laufband. Wenn wir diese Blättchen mit kochendem Wasser übergießen, wird der eingedickte Zellsaft wieder aufgelöst – und wir haben den aromatischen schwarzen Tee in der Tasse. Durch das Trocknen erhält er auch seine dunkle Farbe.

Sortieren

Nach dem Trocknen und Fermentieren erfolgt das Sortieren der Teeblätter nach Größe. Dafür werden die Teeblätter mittels mechanischer Rüttelsiebe sortiert, deren Maschengröße nach jedem Durchgang kleiner wird. Die großen Blatt-Tees sind also die Tees des ersten Siebs, gefolgt von den größeren Broken-Tees bis hin zu den Fannings und den winzig kleinen »Dust«-Partikeln.

»Drei Dinge auf dieser Welt sind höchst beklagenswert: der Verderben bester Jugend durch falsche Erziehung, das Schänden bester Bilder durch gemeines Begaffen und die Verschwendung besten Tees durch unsachgemäße Behandlung.«

Zhih-lai, Dichter der Sung-Periode (960–1279)

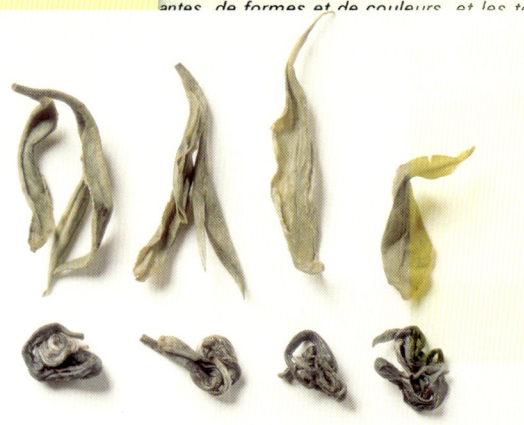

Pagode du temple Ninnaji à Kyoto.

DIE BLATTGRADE

Die Größe des fertig verarbeiteten Teeblattes und die Methode der Verarbeitung haben einen großen Einfluss auf den Geschmack des Tees. Blattgraden kann man jedoch keine Information über die Qualität entnehmen, denn sie sind Ergebnis derselben Pflanze, Pflückung und Verarbeitung.

Tees mit kleinen Blattgradierungen sind meist etwas kräftiger im Geschmack und benötigen auch weniger Zeit zum Ziehen, da sie sich in der Kanne schneller entfalten können. Blatt-Tees hingegen entfalten ein komplexeres Aroma. Die vier Haupt-Blattgrade sind:

Blatt-Tees
Das dünne, schmale Blatt. Blatt-Tees haben nur einen geringen Anteil an der Weltproduktion des schwarzen Tees (nur etwa 2 %). Die Bezeichnungen für Blatt-Tees werden weiter aufgeführt. Für Spitzenqualitäten werden nur die zartesten, feinsten und jüngsten Blätter gewählt.

Broken
Broken-Sorten entstehen ganz natürlich beim Rollen, indem sie mechanisch zerkleinert werden. Damit sind sie keine Blatt-Tees mehr. Dies ist mit der Bezeichnung (B) für »Broken« vermerkt. Die Blätter verlieren dadurch nicht an Qualität. Der Aufguss wird kräftiger als bei einem aufgegossenen Blatt-Tee.

Fannings
Dieser Grad des Tees ist noch etwas kleiner als der »Broken«. Er benötigt weniger Zeit für das Ziehen des Tees und gibt eine kräftige Färbung, weshalb er in Aufgussbeuteln Verwendung findet.

Dust
Diese feinste Aussiebung des Tees wird in erster Linie in Tee-Beuteln verarbeitet. In einigen Ländern aber auch direkt aufgegossen. Er ist sehr ergiebig.

Die vier Haupt-Blattgrade bilden die Grundlage des Bezeichnungssystems für Tees, das man auch auf den Teekisten wieder findet. Die nachfolgenden Bezeichnungen und ihre Spezifizierung werden bei der Auszeichnung der Tee-Sorten mit entsprechenden Abkürzungen aufgeführt.

(P) steht für »Pekoe«. Dieser Begriff soll eine englische Variante des chinesischen Wortes »Pak-ho« sein, eine Beschreibung des feinen Haarflaums von Neugeborenen, an das der Flaum auf den zarten Knospen des Teestrauchs erinnert. »Pekoe« stand ursprünglich für das feinste gepflückte Blatt. Dies ist heute aber in nahezu jeder Blattgradierung enthalten egal ob ganzes oder Broken Blatt. Es gibt »Pekoe« auch als solo Gradierung z. B. in Ceylon. Dort steht es dann allerdings für einen groben Broken Tee.

(O) »Orange« bezieht sich auf das damalige niederländische Königshaus (Oranien), orange bedeutete demnach »königlich«, also »finest«. Weniger zutreffend ist eine andere Version, nach der der Name auf eine chinesische Tradition zurückgehen soll, nach der dem Tee Orangeblüten beigemischt wurden.

(F) »Flowery« bedeutet im Englischen blumig und soll auf ein blumiges Aroma des Tees hinweisen. Hier wurden die jüngsten Blätter für den Tee verwendet.

(T) steht für »Tippy«. Tips sind die hellen Blattspitzen der jüngsten Blätter. Sie geben dem getrockneten Tee ein besonderes Aussehen.

(G) steht für »Golden« und bezeichnet zusammen mit Tippy die leuchtend hellgelben Blattspitzen des Tees. Diese Bezeichnung wird nur bei den Darjeeling- und Assam-Blatt-Tees verwendet.

Die im folgenden genannten Bezeichnungen für die Tee-Sortierungen innerhalb der Blatt- und Broken-Tees ergeben sich daraus, welche Teile der Teepflanze verarbeitet wurden, ob z. B. nur die Knospe oder dazu noch das erste bzw. zweite Blatt gepflückt wurde.

HANDELSÜBLICHE BLATTSORTIERUNGEN

Blatt-Tees

SFTGFOP • Special Finest Tippy Golden Flowery Orange Pekoe

FTGFOP • Finest Tippy Golden Flowery Orange Pekoe

TGFOP • Tippy Golden Flowery Orange Pekoe

GFOP • Golden Flowery Orange Pekoe

FOP • Flowery Orange Pekoe

Für die FOP-Qualität wurden nur die jüngsten Tee-Blätter verwendet (Flowery). Dieser Tee besteht aus dünnen, sorgfältig gerollten Blättern und Blatt-Spitzen (Tips).

Broken und Fannings

TGFBOP • Tippy Golden Flowery Broken Orange Pekoe

GFBOP • Golden Flowery Broken Orange Pekoe

FBOP • Flowery Broken Orange Pekoe

BOP • Broken Orange Pekoe

BP • Broken Pekoe

BT • Broken Tea

F • Fannings

D • Dust

Diese Bezeichnungen sind standardisiert und gelten für alle schwarzen Tees weltweit. Dazu gesellen sich aber noch Zusatzbezeichnungen einzelner Teegärten zur näheren Charakterisierung. Auf den Geschmack hat die Blattgröße übrigens nur bedingt Einfluss – dieser hängt nur vom Anbaugebiet, Klima, Erntezeit etc. ab.

DIE CTC-PRODUKTION

Dabei handelt es sich um eine moderne Produktionsmethode, die während der Fermentation Zeit spart und eine schnelle Herstellung größerer Teemengen ermöglicht. CTC heißt C = Crushing (brechen), T = Tearing (zerreißen), C = Curling (rollen) und bedeutet die Zerkleinerung der Teeblätter in einem einzigen Arbeitsgang. Bei der CTC-Methode wird das grüne Teeblatt zunächst auch gewelkt, dann einmal gerollt und im Anschluss an die Grünblattsiebung in der CTC-Maschine zwischen Dornenwalzen zerrissen. Das bedeutet eine schnellere und gründlichere Aufbrechung der Zellen als bei der orthodoxen Herstellungsweise. Hierbei fallen hauptsächlich Broken und Fannings an, kleine und kleinste Teepartikelchen, besonders ergiebig, farbintensiv und für die Herstellung von Teebeuteln sehr gut geeignet. Qualitativ ist der Tee aus dieser Produktionsform jedoch nicht vergleichbar mit Tee aus der orthodoxen Produktionsmethode.

SORTIERUNGEN DES BROKEN-TEES AUS DER CTC-PRODUKTION

BOP • Broken Orange Pekoe

BP   • Broken Pekoe

PF   • Pekoe Fannings

PD   • Pekoe Dust

GRÜNER TEE

Zunächst erfolgt die Ernte der Teeblätter und -knospen genauso wie beim schwarzen Tee. Grüner Tee wird jedoch im Unterschied zu schwarzem nicht fermentiert, sondern nach dem kurzen Welken gedämpft oder geröstet. Das führt zu einer raschen Inaktivierung der pflanzeneigenen Enzyme, wodurch der Tee grün bleibt. Das frische Blatt behält viele seiner natürlichen Inhaltsstoffe, wie z. B. Gerbstoffe (Polyphenole). Danach kann der Tee gerollt werden (je nach Sorte) und wird zuletzt getrocknet. Durch das kurze Dämpfen (Japan) oder Rösten (China) behält der Tee seine grüne Farbe.

Pfannenrösten
Gebräuchliche Methode für grünen Tee, bei der die Blättchen unter ständigem, Rühren in großen Woks (trocken) geröstet werden.

Dämpfen
In Japan ist dies eine übliche Methode für grünen Tee. Die Blättchen werden dabei durch verschiedene Methoden mit Hilfe von Wasserdampf kurz (30 Sekunden bis zu 1 Minute) erhitzt, um so die Oxidation / Fermentation zu vermeiden.

TEE ALS WIRTSCHAFTSFAKTOR

In über 50 Ländern der Welt wächst Tee: in Asien, Afrika, Südamerika, in Australien und Ozeanien und sogar auf den europäischen Azoren und den britischen Inseln – das bedeutet, dass Tee in den meisten dieser Länder ein bedeutender Wirtschaftsfaktor ist und Arbeitsmarkt, soziale Entwicklung und Infrastruktur prägt. Auf Sri Lanka ist die Teeindustrie der größte Arbeitgeber, und Indien ist der größte Teeproduzent überhaupt – weltweit. Kenia liegt nach China auf dem dritten Platz mit stetig wachsender Produktion. Die Exportanteile sind sehr unterschiedlich. Während Sri Lanka rund 90 % seines Tees ausführt, verbleibt in China und Indien die größte Menge, nämlich 70–80 %, wegen des hohen Eigenbedarfs im Land. Tee ist in vielen Ländern das meist getrunkene Getränk – nach Wasser. In Deutschland liegt der Teekonsum bei rund 25 Litern. Es sind allerdings die Ostfriesen, die die größte Menge an Tee in Deutschland verzehren und zwar etwa 10-mal soviel.

Jede Woche finden in den großen Hafenstädten der Teeländer Auktionen statt, auf denen die »Broker«, also die Makler, die Rohware ordern.

Daneben gibt es noch die so genannten Gartenkontakte. Dort wird die Ware direkt von einer bestimmten Fabrik, Genossenschaft oder einem Teegarten gekauft. Dies betrifft überwiegend hochwertige Qualitäten, die nur in kleinen Quantitäten zur Verfügung stehen. Diese Kontakte haben jedoch für die Gärten und Genossenschaften eine große Bedeutung und lassen häufig auch langfristige Zusammenarbeit entstehen. Dies ist der Weg den Qualitätsanbieter gehen. Sogenannte Medium- und einfache Ware geht in die Auktionen für Großanbieter. Die Top-Ware allerdings kommt erst gar nicht in die Auktionen, sondern wird direkt vor Ort ausgewählt und bestellt.

BIO-TEE

Tee aus organischem Anbau findet weltweit immer mehr Liebhaber. Auf chemische Pflanzenschutzmittel und Kunstdünger wird beim Bio-Tee ganz verzichtet.

Einer der konsequentesten Bio-Tees kommt aus dem indischen Gebiet Singampatti im Bundesstaat Tamil Nadu ganz tief im Süden, etwa 60 km von der Südspitze des Subkontinents entfernt. Dschungel drumherum, in dem Tiger und Elefanten umherstreifen, darin die Teegärten fernab von jeglicher Industrie, auf einer Höhe zwischen 800 und 1.300 Meter gelegen, in reiner Luft mit regelmäßigen Monsunregen. Neben Oothu sind es noch die Teegärten Manimuttar und Manjolai, die teils seit fast 20 Jahren organischen Teeanbau betreiben. Alle drei gehören zur Bombay-Burmah-Corporation, die seit den Anfängen mit einem Pilotprojekt von knapp 40 ha heute auf bald 320 ha Bio-Tee erzeugt.

Bio – das heißt hier jäten die Arbeiter Unkraut, beschneiden die Büsche und stellen organischen Dünger her. Zwischen den Teepflanzen wachsen Silbereichen, deren abgefallene Blätter mit Kuhdung und dem gejäteten Unkraut unter die Erde gepflügt werden, um die Humusqualität zu verbessern. Daneben züchten die Plantagenarbeiter eigene Würmer, die sich emsig durch den Boden wühlen und so die Erde auflockern. Ganzheitliche Landwirtschaft strikt den Lehren Rudolf Steiners folgend wird hier betrieben. Der Teeanbau nach biodynamischem Pflanzkalender und mit biodynamischen Verarbeitungen geht weit über den »normalen« Bio-Anbau hinaus. Oothu ist Pionier der indischen Bio-Teeproduktion, hier kann das ganze Jahr über geerntet werden – immer nach demselben Prinzip, das auch bei herkömmlichem Tee angewendet wird: »two leaves and a bud« – zwei Blätter

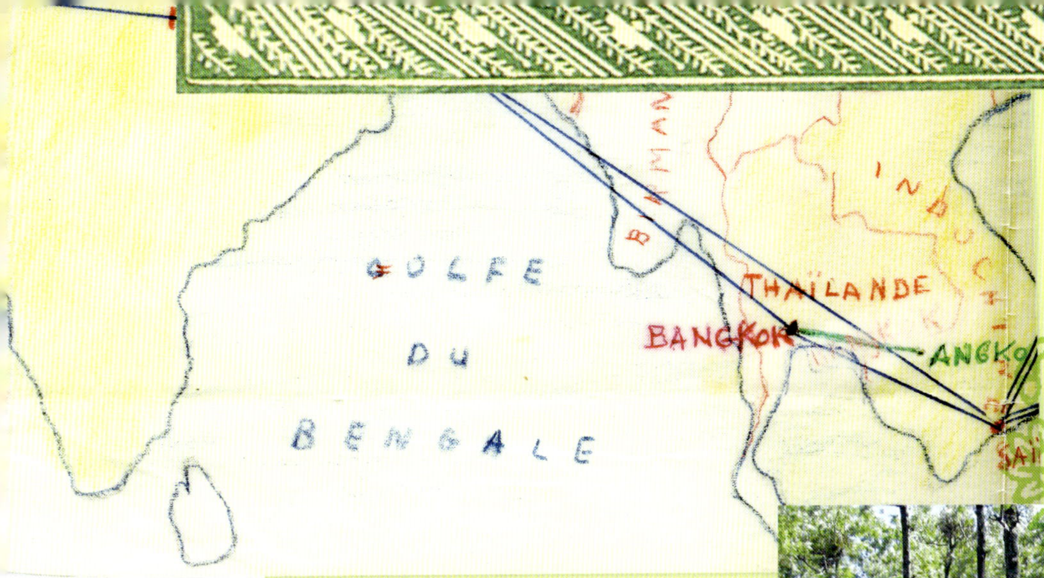

GOLFE
DU
BENGALE

BIRMAN

INDOCH

THAÏLANDE
BANGKOK
ANGKO
SAÏ

und eine Knospe, und zwar in reiner Frauenarbeit, wogegen die anderen Arbeiten von Männern erledigt werden. Nicht nur dem Tee geht es hier gut: auch die Arbeits- und Lebensbedingungen der Familien, die vom Teeanbau abhängen, sind hier und generell ungleich besser als die der »normalen« Arbeiter. In den Teegärten gibt es Kindergarten, Grundschule und Läden für den täglichen Lebensmittel-Einkauf. Ein Arzt und ein kleines Krankenhaus versorgen unentgeltlich die Patienten.

Die drei Teegärten stellen grünen und schwarzen Bio-Tee her, seit kurzem sogar weißen Tee.

69

Anbaugebiete

Die Hauptanbaugebiete sind Indien, Sri Lanka (Ceylon), Indonesien, Bangladesh, Kenia, Malawi, China, Japan, Georgien und Argentinien. Die berühmtesten Anbaugebiete in Indien sind Darjeeling und Assam.

INDIEN

Indien ist mit einer Fläche von 3.287.590 qm² das siebtgrößte Land der Erde. Die unterschiedlichen klimatischen Bedingungen der jeweiligen Anbaugebiete haben Auswirkungen auf die Teevielfalt. Je nach Boden- und Wetterverhältnissen variieren Aroma, Geschmack, Farbe und Stärke des Tees. Man kann also sagen, dass das Klima jeder Teesorte eine eigene charakteristische Note verleiht. Natürlich spielt ebenso die verwendete Pflanzengattung und die Weiterverarbeitung eine große Rolle.

Mit über 900.000 Tonnen Tee pro Jahr ist Indien der größte Teeerzeuger der Welt, das entspricht einem Anteil an der Weltproduktion von 27 %. Die weitaus größte Menge des Tees trinken die Inder selbst, nur 180.000 Tonnen werden exportiert. Die wichtigsten Abnehmer sind Großbritannien, Vereinigte Arabische Emirate, Polen, Saudi Arabien und Deutschland.

Assam ist eine Provinz im Nordosten Indiens, in der feucht-
heißen Hochebene am Brahmaputra, im Norden wird das
Gebiet von den östlichen Ausläufern des Himalajas begrenzt.
Etwa 20 Millionen Menschen leben dort auf einer Fläche so
groß wie Deutschland, 100 verschiedene Dialekte werden in
Assam gesprochen.

ASSAM

Assam ist eine Provinz im Nordosten Indiens, in der feucht-heißen Hochebene am Brahmaputra, im Norden wird das Gebiet von den östlichen Ausläufern des Himalajas begrenzt. Etwa 20 Millionen Menschen leben dort auf einer Fläche so groß wie Deutschland, 100 verschiedene Dialekte werden in Assam gesprochen.

Im Jahre 1823 entdeckte der englische Major Robert Bruce während eines Jagdausfluges in Assam wilde Teebüsche, camellia (Thea) assamica. Die Briten waren begeistert, denn nun war ihre Hoffnung, sich von chinesischen und japanischen Teelieferanten unabhängig zu machen, endlich berechtigt. Doch das Gebiet zu beiden Seiten des Brahmaputra war unzugänglich. Dschungel, Sümpfe und die extremen Klima- und Umweltbedingungen erschwerten nicht nur den Pflanzen das Leben. Viele Arbeiter erkrankten Mitte des 19. Jahrhunderts an Malaria, Gelbfieber und Cholera und starben an diesen Krankheiten. Obwohl die Teepflanzer bei null anfangen mussten und herbe Rückschläge erlitten, ging Assams Ausbau zum Teegebiet schnell voran. Heute ist Assam mit 190.000 ha das größte zusammenhängende Teeanbaugebiet der Welt. Über 600 km Länge erstreckt es sich an den Ufern des Brahmaputra, mehr als 600 größere Teegärten umfasst dieses Gebiet.

Assam ist neben China die zweite »echte« Heimat des Tees, denn nur hier und in China wurden je wild wachsende Pflanzen gefunden.

In Assam werden mit 430.000 Tonnen pro Jahr etwa 50% des gesamten indischen Tees geerntet, das entspricht etwas 28% der Weltteeproduktion. Die Teepflanze camellia (Thea) assamica ist ein echtes Tropengewächs, das viel Wärme braucht. Das Treibhausklima mit seinen hohen Niederschlagsmengen während der Monsunzeit bietet optimale Voraussetzungen für den Teestrauch und lässt ihn gut und schnell gedeihen. Ohne den Eingriff der Teepflanzer würde die camellia (Thea) assamica bis zu 20 Meter in die Höhe schießen. Zur leichteren Ernte wird die Pflanze jedoch auf einen etwa einen Meter hohen Strauch zurück geschnitten. Ihre Blätter sind zehn bis zwölf Zentimeter lang und deutlich breiter als die Blätter der China-Pflanze (camellia (Thea) sinensis).

Je nach Bodenbeschaffenheit und Mikroklima variieren Aroma, Farbe, Geschmack und Stärke des Tees. Gepflückt werden sie nach der Regel »two leaves and a bud« = »zwei Blätter und eine Knospe«, was die beste Qualität garantiert. Der Assam-Tee besitzt eine geballte Ladung an Kraft im Geschmack. Seine Blätter machen einen würzigen, manchmal malzigen Tee. Gerne wird der Assam-Tee als Bestandteil von Mischungen genutzt. Seine dunkle Farbe und seine geschmackliche Unempfindlichkeit gegenüber schlechteren Wasserqualitäten machen ihn zum optimalen Mischungspartner. Eine gute Ostfriesenmischung enthält zum Beispiel meist 80 % Assam-Tee.

บ้านแต่ละที่ก็ต้องหยิบแว่นหยิบ...
...กับแผนแต่ละมื้อก็ต้องหามุมลับๆ แต่...ข่าว
...องแถลงข่าว ยิ่งช่วงยิ่งต้องรีบแถลง...

ว่า พักนี้ดาราเขาออกมาเปิดร้านอาหารเปิดผับกัน...อย่างเดียวไม่พอกิน นี่ถ้าผมหล่อ
...ผมก็ไม่เอาด้วยหรอก ดูแล้วไม่มั่นคง" ลูกชายช...และช่วยกันเก็บร้าน
...น่าสนใจคือเรามักจะมองอาชีพดาราเป็นอาชีพไม่มั่นคง ส่วนหนึ่งมาจากการปลูกฝังของสังคมที่เห็นว่า
...รำกินเป็นเรื่องที่ฉาบฉวย   ไปเร็วมาเร็ว   ขายเพียงรูปร่างความสวยความงาม
...น้าถือตาเหมือนอย่าง   ข้าราชการ   หมอ   ตำรวจ   วิศวกร   ทหาร
...ก...ยมในตัวดาราหรือนักแสดงไม่คงที่ ช่วงไหนฮิตใครเป็นอันว่า   มีงานมาให้เลือกล้นมือ
...มื่อไหร่ก็เตรียมตัวอ้อนวอนผู้จัดผู้สร้างได้เลย   ทำให้ทั้งคนวงนอกวงในมองเห็น
...น้ำขึ้นน้ำลงนี้ได้ไม่ยาก ดาราที่น้ำมาท่วมถึงท่าจึงรีบตักให้มากที่สุดก่อนจะผันไปใช้น้ำก็อกมาเลี้ยงตัวเอง
...งคนก็ได้แสดงให้เห็นแล้วว่าการเก็บหอมรอมริบทั้งฝีมือและเงินทองก็ทำให้ชีวิตตัวเองและครอบครัวมีความ
...มได้จริงเหมือนกับอาชีพอื่นๆ ขึ้นอยู่ที่ว่าให้ใจไปกับงานมากน้อยแค่ไหน ส่วนจะให้คนยอมรับนอกจอนั้น
...ตัวของแต่ละคนไป

...ดาราคนไหนจะรับบทตัวร้าย นางเอก พระเอก ล้วนแล้วแต่ได้รับการยอมรับทาบทั้งสิ้น ไม่ใช่ยอมรับ
...รา แต่ยอมรับในฐานะนักแสดง ให้ความสำคัญเรื่องฝีมือมากกว่าหน้าตา หากพูดถึงความพราวในอาชีพ
...ยิบระยับไม่น้อย ทัศนคติที่เปลี่ยนไปต่ออาชีพนี้จะเห็นได้จากที่มีคนหน้าใหม่ๆเข้ามาโลดเล่นทั้งจอเงิน
...่วนมากเป็นคนรุ่นชั้นกลางระดับบนที่มีอาชีพให้ได้เลือกมากกว่าหนึ่งอย่าง ว่าไปแล้วคนใหม่ที่เข้ามา

74

Die Klimabedingungen in Assam erlauben zwischen 15 und 35 Pflückungen pro Jahr (in Darjeeling sind es maximal 20). Damit die charakteristischen ätherischen Öle im Teeblatt besser erhalten bleiben, werden die Teeblätter vorwiegend nachts weiterverarbeitet, die niedrigen Temperaturen verlangsamen den Fermentationsprozess. So kann in den Assam-Teegärten das ganze Jahr über geerntet werden. Doch auch hier werden Ernteperioden definiert.

Die First-Flush-Ernte ist die erste Ernteperiode am Anfang des Jahres, nach einer den Winter über währenden längeren Erntepause. Assam First Flush schmeckt duftig, frisch, blumig und etwas würziger als ein Darjeeling First Flush und hat eine helle, goldgelbe Tassenfarbe.

Die besten und hochwertigsten Assams werden während der Second-Flush-Ernte zwischen Mai und Mitte Juni geerntet. Seine Tees schmecken würzig, malzig, ihre Tassenfarbe ist kupferrot bis nahezu dunkelbraun.

Sehr ertragreich ist die Ernte während der Regenzeit von Juli bis August, wenn der Monsun auf den fruchtbaren Böden niedergeht. Bei Temperaturen um 35 °C und einer Luftfeuchtigkeit von 90 % kann man den Pflanzen förmlich beim Wachsen zuschauen. Diese Tees sind nicht mehr ganz so kraftvoll im Geschmack und werden als »bread and butter tea« (also als gute Durchschnittsqualität) bezeichnet.

Besonders zu dieser Jahreszeit werden sie hier in Assam meist nach der CTC-Methode (Crushing Tearing Curling) verarbeitet. Bei dieser Methode entstehen Sortierungen von Broken-Tees, die gerne für Mischungen eingesetzt werden und sich bestens für die Verwendung in Teebeuteln eignen.

Darjeeling, an den südlichen, bis zu 3.000 Meter hohen Vorbergen des Himalaja gelegen, bringt die edelsten Tees der Welt hervor.

DARJEELING

Die Darjeelings sind sozusagen der »Champagner« unter den Tees. Ihren Namen gibt dieser Region die nordindische Stadt Darjeeling, an der Grenze zu Nepal gelegen. Ursprünglich war Darjeeling ein Erholungsort für britische Kolonialbeamte und hat sich bis heute sein koloniales Flair erhalten. Die Briten begannen um 1850 die ersten Teegärten mit der China-Pflanze anzulegen. Darjeeling erwies sich als ideales Anbaugebiet. Die Sommer sind feucht und heiß, die Winter trocken und kühl: eine ideale Voraussetzungen für Spitzenqualitäten. Kühle Nächte und intensive Sonnenstrahlen am Tag geben dem edlen Tee seine charakteristische Note. Die Teegärten liegen auf Höhen von 800 bis 2.000 Meter, doch nur in den ganz hoch gelegenen Gärten können Topqualitäten erzeugt werden. Die Höhenlage bewirkt einen langsamen Blattwuchs mit intensiven, lieblichen Aromen der Teeblätter.

Der Arbeitsaufwand bei der Darjeeling-Ernte ist unwahrscheinlich hoch. Für ein Kilo Darjeeling First Flush muss eine Menge von bis zu 12.000 Blättern gepflückt werden, für einen Assam reichen da schon 4.000. Zudem wachsen viele Teesträucher an Hängen mit Neigungen von bis zu 45 Grad. Ein Einsatz von Erntemaschinen ist somit ausgeschlossen. Und so werden die Teeblätter in Darjeeling ausschließlich von Hand gepflückt und garantieren eine hervorragende Qualität. Die Qualität ist außerdem abhängig von der Genauigkeit beim Pflücken und der sorgsamen Verarbeitung in den Fabriken. Darjeelings werden ausschließlich nach der orthodoxen Methode verarbeitet (pflücken, welken, rollen, fermentieren, trocknen, sortieren). Diese aufwändige, aber schonende Herstellungsart wird hier in allen Teegärten praktiziert.

Der Darjeeling wird von März bis November geerntet. Nach der Winterpause beginnt Anfang März bis Mitte April die erste Ernteperiode. Der First Flush ist leicht, frisch und blumig und hat ein feines, spritziges Aroma. Sein Aufguss ist hell. Er wird, wie die ersten Weine, freudig erwartet und darum auch schon einmal per Flugzeug nach Europa transportiert!

Die zweite Pflückung findet im Mai und Juni statt. Auf dem Höhepunkt ihres Wachstums bilden die Pflanzen duftige Aromen in Hülle und Fülle. Dieser Second Flush ist kräftiger als der First Flush, hocharomatisch mit nussigen Aromen und vielfältigen Geschmacksnuancen. Seine Farbe schimmert goldbraun-rötlich in der Tasse. First und Second Flush sind die beiden Top-Ernten in Darjeeling. Zwischen dem First Flush und dem Second Flush werden die sogenannten In-Betweens geerntet. Zu Anfang haben sie noch deutliche Züge des First Flush, im Mai kündigt ihr Geschmack bereits den hocharomatischen, kräftigen Second Flush an. Allerdings erreichen sie weder die Qualität des einen noch des anderen.

Schließlich gibt es noch die Herbst-Tees (Autumnals), die nicht ganz so kräftig ausfallen wie die Second Flushs. Nach dem Regen im Oktober werden nochmals gute Tees produziert. Sie haben eine leichte Tasse mit lieblichem Aroma.

SIKKIM

Das nördlichste Teeanbaugebiet Sikkim ist umrahmt von Nepal, Tibet und Buthan. Der einzige Teegarten in Sikkim heißt Temi. Hier gilt die Regel: klein aber fein. Aufgrund der nördlichen Lage beginnt die Ernte hier etwa vier Wochen später als in Darjeeling. Der Tee aus diesem Gebiet ist aber genauso hochwertig und edel. Kenner lieben ihn wegen seiner Eleganz und seines hochfeinen Aromas.

DOOARS

Mit mehr als 60.000 ha Teeanbaufläche ist Dooars fast dreimal so groß wie Darjeeling. Vom Geschmack her ähnelt der othodoxe Tee aus dieser Region dem Darjeeling, er erreicht aber nicht dessen exzellente Qualität. Der First Flush ist leicht, blumig und aromatisch. Die zweite Pflückung wird auch als »Honey Flavour« bezeichnet und ist vom Geschmack her kräftiger und wird vorwiegend nach der CTC-Methode (Crushing Tearing Curling) verarbeitet.

Das dritte, größere Teeanbaugebiet im Norden Indiens heißt Dooars, es liegt zwischen Darjeeling und Assam im flachen Land.

NILGIRI

Ganz im Süden Indiens befindet sich ein weiteres großes und wichiges Teeanbaugebiet. In den Provinzen Tamil Nadu, Kerala und Karnataka wird der Tee in vielen kleinen Teegärten angebaut. Hier im Süden kann das ganze Jahr über geerntet werden, da die Teepflanzen keine Vegetationspause einlegen. Die besten Qualitäten werden von Januar bis März und im Juli und August geerntet.

Nilgiri ist das Hochland-Anbaugebiet der Region Tamil Nadu. Die Blue Mountains (die blauen Berge) von Nilgiri, sie haben ihren Namen von den Blaugummibäumen, die dort wachsen, beherbergen Teegärten auf 800 bis 2.000 Meter Höhe. Die Qualität der Pflanzen ist gut, sie erinnern mit ihrem herb-fruchtigen Geschmack an Ceylon-Tees. Die Tees aus den Nilgiri-Bergen eignen sich besonders gut für die typisch englischen Mischungen wie Early Morning Tea, der, wie der Name schon sagt, in England sehr früh am Morgen, als erster Muntermacher und oft noch im Bett, getrunken wird.

Aus der Provinz Kerala kommen Qualitätstees, die geschmacklich ebenfalls an Ceylon-Tees erinnern. Weitere bekannte Anbaugebiete sind z. B. Ferai am Fuße Darjeelings, Himachal Pradesch unterhalb Kaschmirs und Orissa.

Abhai – der Teezauberer
Von Thomas Holz

Im März 1985 lernten wir ihn zum ersten Mal kennen – im west-
bengalischen Terai-Gebiet, am Fuße Darjeelings, genauer: im Garten Kamala. Abhai Kumar Singh war im Jahr zuvor aus Darjeeling
gekommen, um diesem bis dahin ausschließlich für den indischen
Eigenbedarf produzierenden Garten den Qualitätsatem für den
Export nach Europa – insbesondere Deutschland – einzuhauchen.
Völlig verblüfft standen wir damals in der durch den Umbau noch
halb offenen Teefabrik und schnupperten an dem kleinen Berg Tee-
blätter aus der frischen Ernte, der dort vor uns lag. Eine wirkliche
Novität war geboren – Darjeeling aus dem Terai. Herrliche, freche
Frische breitete sich bei der anschließenden Verkostung auf der
Zunge aus. Bevor überhaupt nur ein Gramm von dieser Köstlich-
keit den damals noch deutlich wichtigeren Teemarkt in Calcutta
erreichen konnte, war dieser Tee an Ort und Stelle gekauft.
Weltweit bot man Höchstpreise, die sonst nur von Darjeeling
First Flush Partien erreicht wurden, um diese noch unbekannte
Spezialität zu erhaschen. Ohne Chance. Kamala First Flush Orthodox blieb exklusiv und wurde bis heute nur für TeeGschwendner
hergestellt. Eine Dauerbeziehung war etabliert – mit bestem Erfolg
für beide Seiten.

Die Jahre vergingen und die außerordentlichen Fähigkeiten des
Abhai Singh ließen ihn wieder nach Darjeeling ziehen. Traditions-
reiche Gärten wie Puttabong, North Tukvar, Risheehat, Sungma,
Orange Valley, Phuguri und Singtom/Steinthal baten um seine
Mitarbeit – und eben diese gehören auch heute noch zu den Top-
Adressen im Himalaja.

Durch die Adern des Abhai Singh fließt weiterhin Tee, und so
nahm er sich nach Beendigung seiner Tätigkeiten als Consultant
in Darjeeling eines Gartens im Kangra Distrikt an. Selbst Insi-
der hätten kaum gewusst, wo das eigentlich liegt: im indischen
Bundesstaat Himachal Pradesh, 500 Kilometer nördlich von Delhi
und sozusagen auf dem Weg nach Kashmir. Der Garten Manjhee
Valley – für Abhai Singh Entdeckung und Herausforderung zugleich – liegt in einer Höhe von 1.500 Metern am Fuße der Dhau-
ladhar Range, einem westlichen Ausläufer des Himalajas und ist
ausnahmslos mit Teepflanzen der China-Gattung bestückt. Selbst
in den Höchstlagen Darjeelings sind Gärten mit derart reinem
Bewuchs selten geworden. Hier machte er sich wieder ans Werk,
der Zauberer und nimmermüde Teepensionär. Das strahlende Ergebnis: ein zauberhafter Kangra First Flush – der Geheimtipp für
Liebhaber zarter, frischer Tassen. Danke Abhai!

TEA BOARD OF INDIA

Das *tea board* wurde 1953 in Kalkutta gegründet und setzt sich aus Vertretern der verschiedensten Bereiche zusammen, die die Interessen der Regierung, der Garten-besitzer, der Fabriken und der Arbeiter vertreten. Es ist eine unabhängige Institution innerhalb des in-dischen Handelsministeriums und sorgt dafür, dass alle Regierungsbeschlüsse auf den Teegärten umgesetzt und eingehalten werden. Das *tea board* ist auch ver-antwortlich für Förderung und Ausbau der heimischen Teeproduktion und für die weltweite Vermarktung, kümmert sich aber ebenso um soziale Projekte zu Gunsten der Arbeiter in den Teegärten.

Reise nach Singampatti / Südindien

Aus dem Reisetagebuch von Thomas Holz

Besuch der Gärten Oothu, Manimuttar und Manjolai Ende Juli. Nach angenehmem Flug kommen wir in der Nacht zum Samstag in Madras (Chennai) an. Nach kurzem Transfer zum Hotel in der Nähe des Flughafens reicht die Zeit noch für ein Bier und den ersten Entwurf der Rede zu den Jubiläumsfeierlichkeiten unseres Freundes Mohan Chirimar (Inhaber des Teegartens Steinthal / Darjeeling), die in Calcutta stattfinden werden. Doch Calcutta werden wir später besuchen. Zunächst steht der Besuch dreier Teegärten im Süden Indiens an.

Um 7.30 Uhr geht es wieder hoch und mit der berühmt-berüch- tigten Indian Airlines von Madras nach Trivandrum im süd- lichsten Zipfel Indiens. Vor der Landung überfliegen wir Wälder von Kokospalmen, weiße Strände und die Brandung der Arabischen See. In Trivandrum haben wir eine Verabredung mit der Singampatti Group. Die Gruppe ist ein Zusammenschluss der Teegärten Manjolai, Manimuttar und Oothu. Hamid Ali Khan –

schlicht Hamid –, der Manager Oothus, empfängt uns. Wir ent- scheiden uns, auf Lunch zu verzichten und starten direkt durch, denn der Weg ist weit. Nach ca. 1 1/2 Stunden Fahrt auf guten Straßen mit typischem Verkehr: Ziegen, Hunde, Kühe, Busse, Taxis etc. und üblichen haarsträubenden Ausweichmanö- vern, erreichen wir einen gigantischen Windpark für einen kurzen Stopp. Circa 1.600 Windmills in dieser von starkem Wind gesegneten Ecke in Küstennähe produzieren umweltfreundlichen Strom. Der Grund für unseren Besuch: Auch die Singampatti Group betreibt hier Windmühlen, die das nationale Netz speisen und zwar fast genau in der Größenordnung, wie Energie in den Teegärten verbraucht wird. Ein rundes Konzept!

Die Temperatur liegt hier bei rund 40 °C, der Wind gleicht einem Haartrockner. Es geht weiter und kaum vorstellbar erhebt sich plötzlich steiles Gebirge aus der Ebene, in der sich Palmenhaine und Reisfelder abwechseln. Eigentlich ist jetzt Monsunzeit, doch der letzte Regen fiel vor ca. vier Wochen. Ungewöhnlich, wie vieles in den letzten Jahren. Nach weiteren 1 1/2 Stunden er- reichen wir die Natesan Agencies und werden hier von Suresh

84

5.290 … r arrêt à Beyrouth à 23h 45 GMT. Nous
p engourdies par le sommeil pour descen-
dre. Nous assistons d'un oeil au contrôle rapide de
l'avion par la douane libanaise montée à bord, puis

Menon, dem Group Manager, Indrajit Chatterjee und Mr. Sanka-ran für eine Teepause begrüßt. Die Familie von Sankaran betreibt hier eine Firma, die man bei uns wohl am ehesten mit einem Schiffsausrüster vergleichen könnte. Seit den 20er Jahren (!) werden die Teegärten allen Widrigkeiten zum Trotz von hier aus mit allem beliefert, wonach das Leben fragt. Der Straßenbau hat diesen Service erleichtert, dennoch sind die Umstände hier am Ende des Subkontinents wirklich besonders. Die alten, gerahmten Fotos britischer Pioniere versetzen uns unweigerlich in eine andere Zeit.

Erneut Aufbruch: Es geht hinauf, dem Tee entgegen. Gut eine Stunde Fahrt vom Meeresspiegel auf ca. 1.500 Meter Höhe. Wir befinden uns in jenem Schutzgebiet, in dem noch heute Mensch und Tier in friedvoller Koexistenz leben. Gewaltige Landschaften, vorbei am lebenswichtigen Stausee und dem an Wochenenden von Einheimischen gern genutzten mineralischen Wasserfall geht es in wilde, ursprüngliche Vegetation. Die mögliche Begegnung mit einem der ca. 20 wild lebenden Tiger oder rund 1.000 Elefanten oder Leoparden macht die Fahrt im Jeep umso spannender.

Wir erreichen Manjolai, und in einer Höhenkurve haben wir die letzte Möglichkeit, einen kurzen Anruf in die Heimat zu versuchen. Das Signal ist bereits hier eher Zufall. Ein wenig weiter bleiben die Errungenschaften der Moderne gänzlich auf der Strecke. Hier gibt es nichts mehr, was den Einklang stören könnte. Und das ist gut so.

Tee so weit das Auge reicht inmitten üppiger Vegetation und ein atemberaubender Blick in die Ebene des Südzipfels. Sri Lanka liegt nicht fern und es scheint, als könne man es schon riechen. 20 Minuten entfernt vom Manjolai-Bungalow liegt das kleine Kachachi Hut. Früher bewohnt vom Mitbegründer und Ideen-geber des Bombay Burmah Organic Projects, Ricky Muthanna, dient das kleine Gästehaus heute der Bewirtung weniger Fernrei-sender und indischer Kaufleute. Idylle im Kolonialstil. Wir werden hier für drei Nächte bleiben. Es dürfte auch länger sein.

Ein Abendessen und etliche Drinks mit Indrajit und seiner Frau Krishna sowie dem Factory Supervisor der Bombay Burmah

Group Bharath, der mit seiner Frau knapp zwölf Stunden im Jeep aus den Nilgiri Mountains unterwegs war, lässt einen langen Tag zu Ende gehen. Ein Motten-Falter ungeahnter Größe bringt uns dann zu Bett. Die Storys von Tigern, die neugierig vor dem Jeep die Straße überqueren, und Leoparden, die den Lieblingshund des Managers aus der Küche des Bungalows rauben, gehen durch den Kopf. Es schläft sich trotzdem gut hier am höchsten bewohnten Punkt Indiens vor dem Äquator.

Um 8.00 Uhr werden wir mit Tee geweckt. Indische Musik schallt aus den Lautsprechern im gegenüberliegenden Dorf. Es hat ein wenig geregnet. Nach dem in der winzigen Küche angerichteten Frühstück im Hut machen wir uns gemeinsam auf den Weg zur Fabrik von Manimuttar. Der letzte speziell für uns angereiste Gast ist inzwischen eingetroffen. Es geht zunächst durch den Korridor, einen Dschungelpfad für Jeeps. Man hat wirklich das Gefühl, hier jederzeit von wilden Tieren überrascht zu werden. Abgebrochene, junge Bäume und Pflanzen sowie frische Haufen auf dem Weg belegen den Besuch eines Elefanten kurz zuvor. Je weiter wir die Berge mit den Jeeps hinaufsteigen, umso paradiesischer wird der Ausblick. Üppige Vegetation, Wälder und zwi-

schendurch bestens gepflegte Teegärten. Wir fahren an kleinen, bunten Dörfern vorbei, die Dächer der Häuser zusätzlich mit Sandsäcken beschwert, um dem normalerweise zu dieser Zeit starken Wind standzuhalten.

Die Manimuttar Fabrik erstrahlt in bestem Wellblech. Hübsch angelegte Blumenbeete umsäumen das saubere Fabrikgelände. Wir betreten die Produktionsräume durch ein kleines Wasserbecken, zur Reinigung der Schuhe, und ziehen Kittel und Kopfbedeckung sowie Handschuhe an: ein Muss für jeden Mitarbeiter und Besucher. Eine große Halle beherbergt sowohl die Roller als auch die Fermentationsbleche. Trotz großer Betriebsamkeit im Umgang mit dem nicht unkomplizierten Produkt Tee herrscht enorme Sauberkeit.

Der Fermentationsbereich wird permanent per Ventilator befeuchtet. Nach viermaligem Rollen je 30 Minuten der Vortagesernte (sonntags wird nicht gepflückt) bei wechselndem Druck und der anschließenden Fermentation wird der Tee in die Trockner gefüllt. Danach sehr sorgfältig zunächst mit umfangreicher maschineller Hilfe gereinigt, entstaubt und gesiebt, zum Schluss die Blattgradierungen wie FOP per Hand von Frauen flink von Stalks befreit. Wir diskutieren die nächsten Verladungen der Ware für uns und versuchen neue, qualitativ höherwertige Produkte anzuregen, auch im Grünteebereich. Nach einer abschließenden Tasse Tee und eigenen Keksen der Bombay Burma verlassen wir die Fabrik, die den unnachahmlichen Charme vergangener Zeiten bewahrt hat.

Weiter geht es zum Aussichtspunkt. Auf 1.300 Metern Höhe plötzlich ein Abgrund und ein gewaltiger Blick über grüne Baumwipfel hinab ins Tal. Alles Schutzgebiet, eingerahmt von Wasserfällen und einem Stausee. Rechts von uns wird der Blick frei bis in die Tiefebene und irgendwo dort muss auch das Kap Indiens liegen. Wir sind hier schon auf Oothu, dessen Fabrik wir morgen besichtigen werden. Die ersten Hunderte von Metern fahren wir durch einen dichten Wald von Eukalyptusbäumen nach Oothu hinein, dann erst zeigen sich die leuchtend grünen Teebüsche. Alle 50 Meter ein neues, wunderschönes Motiv. Anders als in Darjeeling ist die ursprüngliche Vegetation hier gut erhalten und die Bezeichnung God´s Own Land (Gottes eigenes Land) trifft die tiefen Eindrücke des Besuchers.

Zurück nach Manimuttar. Im Manager´s Bungalow ist der Lunch vorbereitet, Tandoori Chicken, Kebab, Gemüse – in allen Farben und deutlich schärfer als am Abend zuvor. Leichte Hitze steigt in den Kopf. Ein schöner Bungalow im alten Stil mit weiten, spärlich eingerichteten Räumen. Die Front zum großen Garten komplett mit Fenstern ausgestattet, der Blick wandert über den Rasen à la Wimbledon zu bunten Blumen, die z. T. auch die Teepflanzungen befestigen und so der Erosion vorbeugen.

Wir kommen zurück zu Ricky´s Hut. Am Nachmittag ist Relaxen angesagt. Unsere Hütte ist verschlossen, auch die Boys machen Pause. Doch dann kommen sie schon angerannt und man versucht sofort, etwaige Wünsche von den Augen abzulesen. Hauptamtlich für uns zuständig ist ein kleiner, barfüßiger Südinder namens Sundaraj im weißen Leinenanzug mit kurzen Schritten. Sein Gesicht ist dunkelschwarz, wie viele hier, dabei freundlich und zurückhaltend mit schneeweißem Lächeln. Auf die Frage, wie alt die Hütte sei, antwortet er: Ich bin 30! Ich glaube, beide sind älter.

Pünktlich um 19.10 Uhr holt uns Indrajit zum Dinner im Bunga-low des Group Managers Suresh ab. Es geht wieder 20 Minuten den Berg hinab nach Manjolai. Wir werden von Suresh und dessen Frau, einer Bengali, geboren in Deutschland und im Alter von vier Jahren mit der deutschen Mutter und dem indischen Vater ausgewandert, in dem mit Abstand schönsten Bungalow begrüßt. Für die Damen des Hauses sicher eine willkommene Abwechslung in dieser Abgeschiedenheit. Geschmackvolle Einrichtung und ein genialer Blick vom Garten hinunter auf die glitzernden Lichter der Ebene. Fast wie in Los Angeles. Nur ganz anders.

Später im Garten erklärt mir Bharath, wie die Kommunikation mit der Agentur in der Ebene funktionierte, bevor das Telefon in diese Region vorstieß. Ricky, der inzwischen verstorbene Begrün-der der organischen Idee, züchtete auf Manjolai Brieftauben, die eine fast perfekte Verbindung herstellten, bis diese dann durch Raubvögel dezimiert wurden. Ein unterhaltsamer Abend vergeht in Gesprächen über »business, privates and jokes« und zum Abschied überreichen wir der Gastgeberin den einzigartigen TeeGschwendner Tea Timer (mit neuer Batterie!) – peinlich, aber so sind wir nun einmal. Zurück geht es durch die Nacht und die Wälder, denn Sundaraj wartet auf uns.

Wie tags zuvor erfreut Sundaraj uns auch heute pünktlich mit frischem Tee: »It's eight o'Clock, Sir.« Nach dem Frühstück steigen wir in die Jeeps und machen uns auf den Weg zur Oothu Factory. Montags hat die Fabrik frei, dafür wird gepflückt. Schon früh morgens vor dem Hut klangen die klappernden Geräusche der Pflückscheren vom gegenüberliegenden Hügel zu uns herüber, denn aus Personalmangel greift man beim Ernten schon einmal zu Hilfsmitteln. Auf dem Weg hierher durch den Korridor über-quert eine Affenfamilie die Straße.

Rund 1.600 Mitarbeiter zählt die Singampatti Group, mitsamt den Familien leben hier ca. 4.500 Menschen. Der Durchschnitts-verdienst liegt hier – mit allen zusätzlichen Leistungen wie Unterkunft, Verpflegung, sozialer und medizinischer Versorgung – höher als in Nordindien. Auf Oothu werden kurz die Produkti-onsanlagen besichtigt, die Fabrik ist klein und unterscheidet sich maschinell einzig durch eine Wasserdampfanlage für die Grüntee-produktion von den anderen. Im aufgeräumten Verkostungsraum probieren wir dann die nicht gerade zahlreichen Variationen der hiesigen Manufaktur. Aber während des Gesprächs ergeben sich neue Ideen und Möglichkeiten der Kooperation. Die Besonderheit Oothus liegt wohl in der Herstellung von rund 1.000 Tonnen

Kompost per anno auf dem biodynamischen Wege. Mit Kuhdung und Hörnern wird kosmische Energie in die Teepflanzen geleitet. Überzeugt und überzeugend werden die Thesen Rudolf Steiners erläutert und angewandt. Es wird langsam deutlich, welch erhebliche Mehrarbeit diese Art des Anbaus bedeutet. Die Umwandlung des später sehr feinen Komposts in Spray-Form macht es möglich, viele Pflanzen damit zu stärken. Inmitten der Komposthügel liegt – gut platziert – ein Elefantenhaufen, jeder denkt hier mit!

Wir tauchen wieder ein in den »Jurassic Park«, der sich immer wieder zwischen den Teegärten ausbreitet. Auf dem Weg zum Kuthiravetti Lookout sind wir dort, wo der Pfeffer wächst, doch auch Kaffee und Kardamom und riesige Baumfarne prähistorischer Natur säumen den Weg, der wirklich nur mit Geländewagen passierbar ist. Unterwegs immer wieder staunende Teepflücker, die ihre Arbeit unterbrechen. Es scheint, als hätte sich unser Besuch herumgesprochen.

Die Weite dieses Gebietes wird dann oben auf dem Aussichtsgipfel deutlich. Wir bekommen jetzt noch genauer eine Vorstellung von der einzigartigen Lage der drei Gärten der Singampatti Group.

Auf dem Weg zum Lunch bei Hamid halten wir an der »Creche«, einer Art Kindergarten Vom Babyalter bis zu fünf Jahren werden die Kinder der Arbeiter hier betreut.

Wir werden mit fröhlichem Lachen, neugierigen Augen und gut organisiertem Gesang begrüßt. »Rain, rain please go away«, singen die Kinder. Suresh hätte sich angesichts der großen Trockenheit lieber ein anderes Lied gewünscht. Im Ruheraum baumeln Kleinkinder friedlich schlafend in Leinensäcken von der Decke.

Bei Hamid wurde heute chinesisch gekocht, doch der große Hunger kommt nicht auf.Kein Wunder, nach dem Programm der letzten Tage! Danach eine dreiviertel Stunde zurück Richtung Manjolai. Das pieksaubere und gut ausgerüstete Hospital wird besucht. Es begrüßen uns Dr. und Dr. Mrs. Siva in einem erstaunlich wirkungsvoll arbeitenden, kleinen Krankenhaus mit durchschnittlich acht Patienten. Es gibt hier neben einem eigenen Labor z. B. ein Röntgengerät und EKG, Brutkasten für Frühchen und gute Anbindung an die großen Krankenhäuser in der Ebene. Dank der straffen Vorsorgepolitik und regelmäßiger Kontrolluntersuchungen aller Menschen in den Gärten ist es Dr. Siva u. a.

89

gelungen, die Säuglings- und Kindersterblichkeit entgegen der
nationalen Entwicklung auf null zu bringen. Noch immer sterben
in Indien 146 von 1.000 Kindern bis zum fünften Lebensjahr!

An diesem Abend heißt es Stehparty im benachbarten »Sports
Complex«, einem großen und gemütlichen Barraum mit ange-
schlossenem Badminton-Court. Wir werden gebeten, ein paar
Worte zu unserer Firma, dem deutschen Markt und unserem
Treiben in good old Germany zu sagen. Wir sind natürlich bestens
vorbereitet, so gut, dass etwaige Fragen ausbleiben. Alle Manager,
Assistants, deren Gattinnen und die Adviser und sogar Dr. und
Dr. Mrs. Siva sind heute da, um uns zu verabschieden – eigent-
lich sind wir sogar der Gastgeber. Nach etlichen Snacks, Bieren
und Whisky wird es Zeit für das Goodbye und Worte des Dankes,
denn Sundaraj wartet mit dem Dinner auf uns (22.00 Uhr!).
Noch einige kurze, aber wichtige Worte mit Indrajit in unserer
»Hütte« und dann ab ins Bett.

Morgen früh um sieben geht es zurück nach Trivandrum und von
dort über Bombay ins monsunfeuchte Calcutta. Schade auch!

In den Nilgiris

Aus dem Reisetagebuch von Thomas Holz

Gespannt verfolgen wir die Fahrt hinauf nach Ooty durch die stark vergilbten Gardinen unseres Kleinbusses. Babu, der ebenso freundliche wie schwer verständliche Fahrer, gibt wirklich alles, um die liebevoll »Königin der Hill Stations« genannte Stadt auf über 2.000 m Höhe ohne großen Zeitverlust zu erreichen. Aus der heißen Ebene Karnatakas kommend ist der Temperaturunterschied enorm, aber unsere kleine Gruppe, bestehend aus zwölf hartgesottenen TeeGschwendner-Fachhändlern, nimmt dies ebenso gelassen wie die abenteuerliche Übernachtung in den 30 Meter hoch gelegenen Baumhäusern im Urwald des Green Magic Resorts wenige Tage zuvor.

Udhagamandalam – oder anglisiert Ootacamund – heißt der kleine Ort richtig. Anfang des 19. Jahrhunderts von Engländern entdeckt, war hier die Heimat der Todas, eines Bergstammes, der weitgehend isoliert von der Außenwelt der Viehzucht nachging. Im milden Klima der Nilgiris (»Blaue Berge«, von »Nilagiri«), die ihren Namen den zahlreichen Blaugummibäumen und vielleicht auch dem häufig strahlend blauen Himmel verdanken, gedieh besonders Tee prächtig. Ooty lockte Siedler und Pflanzer und wurde zudem beliebter Bergkurort. Heute rattern wir durch die staubig-geschäftigen Hauptstraßen und suchen das Flair von damals. Und wir finden es. Wir übernachten in den alten Gästebungalows der Bombay Burmah Gruppe – die Teegärten hier und weiter südlich in Tamil Nadu betreibt – eingerichtet mit ausladenden, strapazierten Möbeln aus vergangener Zeit in Mintgrün oder Zartrosa und knarrenden, viel zu kurzen Betten mit meterhohen Auflagen, die mich nachts erdrücken wollen. Ein stilvoll auf dem Silbertablett servierter frischer Tee und die zerknautschte, kupferne Wärmflasche im Bett – und schon sind wir der Gegenwart entrückt.

Das Dinner im legendären Ootacamund Club, 1830 gegründet, in dem das Billardspiel »Snooker« erfunden wurde, lädt die Phantasie zu einer Zeitreise ein. »Early Breakfast« heißt es am nächsten Morgen. Die Temperatur ist deutlich unter 10 °C gesunken und wir frösteln auf dem Bahnsteig der Central Station von Ooty. Die Nilgiri Blue Mountain Railway ruckelt gemütlich und geräuschvoll in den Bahnhof und wir fahren eine Teilstrecke der insgesamt 46 km langen Fahrt der alten Schmalspurbahn bis Coonoor – im Schritttempo und mit herrlicher Aussicht auf sanfte Hügel, Wälder, grüne Wiesen und ebensolche Teebüsche. Und der Hauch der Vergangenheit begleitet uns.

91

Ceylon-Tee ist kräftig und hat einen frischen, angenehm herben Geschmack mit einem leichten Lemon Flavour. Der Aufguss ist kupferrot bis goldrot, der Fachmann sagt: »Der Tee steht golden in der Tasse.«

CEYLON (SRI LANKA)

Obwohl die Insel schon seit 1972 den Namen Sri Lanka trägt, blieb der Name »Ceylon« erhalten, wenn es um den Tee der Insel geht. Die Insel von der Größe Bayerns liegt unweit der Südspitze Indiens im traumhaften Indischen Ozean. Die abwechslungsreiche Landschaft wird geprägt durch zahlreiche saftiggrüne Teegärten.

Seit fast 140 Jahren wird auf Sri Lanka Tee produziert. Mit über 310.000 Tonnen ist Sri Lanka heute der drittgrößte Teeproduzent der Welt. Auf 230.000 ha wird hier Tee angebaut. Der größte Teil der Ernte, fast 300.000 Tonnen, wird exportiert.

Ursprünglich war Sri Lanka eine »Kaffee-Insel«. Die ersten Teepflanzen wurden zwar schon Anfang des 19. Jahrhunderts nach Ceylon gebracht, als die Engländer neue Gebiete für den Anbau von Tee suchten, sie fanden aber wenig Beachtung. Man widmete sich lieber dem vorherrschenden Kaffeeanbau, der der Insel Wohlstand brachte.

Doch um 1860 wurden sämtliche Kaffeeplantagen durch den Rostpilz zerstört. Auf der Suche nach einer neuen Einnahmequelle besann man sich auf die Teepflänzchen und so begann die Entwicklung Sri Lankas zum Teegebiet. Besonders tat sich dabei der Schotte James Taylor hervor, dessen Name bis heute mit dem ceylonesischen Tee verbunden ist. Er kam 1851 auf die Insel und betätigte sich zunächst jahrelang als Hilfsaufseher einer Kaffeeplantage. Nebenbei versuchte er sich aber als Teeanbauer. 1867 legte Taylor im Auftrag einer englischen Firma die ersten Teefelder an. Als Fabrik diente zunächst sein eigenes Haus: Auf der Veranda wurden die Teeblätter gerollt, auf den Rosten von Lehmöfen wurden sie zum Trocknen ausgelegt. Außerdem erfand er die erste Maschine zum Rollen von Teeblättern und steigerte die Erträge von Jahr zu Jahr. Nachdem die Kaffeeplantagen eingegangen waren, eroberten sich die Teesträucher quasi das ganze Land – heute grünen Teegärten so weit das Auge reicht.

Das tropisch-warme Klima mit seiner hohen Luftfeuchtigkeit (80–90 %) lässt die auf Sri Lanka überwiegend angebaute Camellia assamica prächtig gedeihen. Qualität und Erntezeiten in Ceylon werden vor allem durch die unterschiedlichen Regenperioden im Osten und Westen der Insel beeinflusst.

Der Südwestmonsun von Juni bis September bringt dem Westen des Hochlandes Regen und dem Osten trockene Winde. Die besten Qualitäten werden dann in Uva im Osten geerntet.

Der Nordmonsun bringt von Dezember bis März dem Osten Regen und den westlichen Gebieten trockenen Wind. Die besten Tees kommen dann aus dem Westen (Dimbula und Dickoya). Der Osten hat in dieser Zeit große Ernten von minderer Qualität.

90 % der Teeproduktion im Hochland wird als Broken-Tee hergestellt. Aus diesem Grund findet man häufig sehr gute Ceylon Broken und weniger oft gute Ceylon Blatt-Tees.

Ceylon-Tee wird in drei Kategorien eingeteilt: Lowgrowns wachsen unterhalb von 650 Metern und sind erkennbar an ihrem schwarzen Blatt. Die Tees, die als Mediumgrowns bezeichnet werden, wachsen zwischen 650 und 1.300 Meter. Sie bringen einen kraftvollen Tee. Als Highgrown bezeichnet man die Tees, die zwischen 1.300 und 2.500 Metern angebaut werden.

Genauso wie in Indien sind die Highgrown-Tees die begehrtesten Tees. Durch das langsame Wachstum und das relativ kühle Klima in diesen Höhenlagen entfalten sich die Teepflanzen nur langsam, dafür aber intensiver und der Tee erhält ein feineres und zugleich intensiveres Aroma. Tee aus dieser Lage ist erheblich teurer als aus den niedrigeren Lagen.

In Sri Lanka gibt es drei solcher Spitzengebiete. Um den Adam's Peak, Sri Lankas »heiligen Berg«, liegen Uva, Dimbula und Nuwara-Eliya.

Im Uva-Distrikt im Osten wachsen die besten vollmundigen, kräftigen, spritzigen Teesorten zwischen Juni und September. Uva-Tee schmeckt ganz frisch am besten, weil er schon nach kurzer Zeit etwas von seinem unverwechselbares Aroma verliert. Zwischen Dezember und März werden in Dimbula im Westen die weniger gerbstoffhaltigen Tees geerntet. Sie haben eine weichere, leichtere Tasse als die Tees aus Uva. Sie sind stark aromatisch, kräftig und nur leicht herb.

Nuwara-Eliya liegt zwischen Uva und Dimbula und ist das edelste Anbaugebiet auf Sri Lanka. Das ganze Jahr können hier gute Qualitäten geerntet werden. Die Tees schmecken ähnlich wie die aus Dimbula, sie haben einen typischen Lemon-Geschmack und zeichnen sich durch ein feines, rundes Aroma aus.

TEA BOARD OF SRI LANKA

In Sri Lanka wurde das *tea board* am 1. Januar 1976 gegründet. Es ist die oberste Behörde der ceylonesischen Teeindustrie und eine staatliche Einrichtung des Ministeriums für Plantagenindustrie. Die Organisation setzt sich aus drei Bereichen zusammen. Dem Head Office obliegt die Planung, Koordination und Überwachung der Aufgaben und Aktivitäten des tea board. Werbung und Vermarktung des Ceylon-Tees übernimmt das *Tea Promotion Bureau*. Die Tea *Commissioners Devision* überwacht Fabrikproduktion und Qualitätsstandards.

Pionier des Ceylon Tees – James Taylor

von Thomas Holz

James Taylor wurde am 29. März 1835 in Kincardineshire, Schottland geboren. Er war eines von sechs Kindern des Radmachers Michael Taylor und seiner Frau Margaret. Obwohl die Taylors als »kleine« Leute galten, stammte James' Mutter Margaret Moir aus gutem Hause. Sie starb, als James neun Jahre alt war.

Im Oktober 1851 – nach Beendigung seiner Schulzeit an der Fordun Free Church School – und im Alter von nur 16 Jahren war es das Empfehlungsschreiben einer Cousine seiner Mutter, die nach sechs Jahren Aufenthalt aus Ceylon zurückkehrte, welches ihn mit der Firma J. A. Hadden in Kontakt brachte. Dort rekrutierte man damals junge Männer für Aufgaben in Asien. Taylor unterzeichnete einen Vertrag für Ceylon – Jahresentgelt 100 Pfund. Am 20. Februar 1852 erreichte das Segelschiff »Sydney« nach dreimonatiger Fahrt den Hafen von Colombo – und mit ihm James Taylor. Nach kurzem Aufenthalt in Colombo und Kandy begann er seine Tätigkeit als Assistent auf der Kaffeeplantage des Exzentrikers George Pride. Taylor war froh, schon nach sechs Wochen von Naranhena nach Waloya – einer anderen Sektion des heutigen Gartens Loolecondera – wechseln zu können und nahm hier unter härtesten Bedingungen seine Arbeit auf. Ausgedehnter Dschungel wurde gerodet, Straßen wurden angelegt und Maschinen zur Kaffeeverarbeitung installiert. Perfektionismus, Sinn für Qualität und sein großes Interesse an anderen Produkten ließen ihn nie ruhen und so verbrachte er die einzigen zwei Ferienwochen in 40 Jahren in Darjeeling – um den Anbau von Tee zu studieren. Seine Chance kam, als Loolecondera am 18. Juni 1857 neue Besitzer fand. Nach erfolgreichen Anbauversuchen mit Chinarinde erhielt Taylor dann im Jahre 1867 erstmals Teesamen aus Assam. Der Ceylon-Tee war geboren.

Nach zahllosen Versuchen, getrieben von großer Neugier, dehnte Taylor den Teeanbau weiter aus. 1872 errichtete er die erste voll ausgerüstete Teefabrik. James Taylor blieb unverheiratet und bis zu seinem Tod am 2. Mai 1892 im Alter von 57 Jahren war Tee seine große Passion. Taylor war auch physisch ein großer Mann und wog über 240 Pfund – ein allerdings untergeordneter Grund für die Bezeichnung »Godfather of Ceylon Tea«. Erinnerung an die Geschichte – und Erinnerung an sehr feinen Tee aus Sri Lanka, gerät er doch hierzulande allzu oft in Vergessenheit!

Zwar sind die hoch gelegenen Teegärten in Sri Lanka von der Flutwelle am 2. Weihnachtstag des Jahres 2004 nicht betroffen, dennoch kann jede Tasse Ceylon Tee einen guten Beitrag dazu leisten, Land und Menschen zu unterstützen. Tee ist nach Bekleidung der zweitwichtigste Exportartikel Sri Lankas.

마루 용 용강APT 95동호

박강·박박박박박

세주종종현연선전

용연필수영경경

ODE TO JAMES TAYLOR

I felt the presence in his own domain
As of a lord and Master, or power under god.
Thinkest not of me as having left
For once again I see the beautiful
Green tops of Loolecondera tea plants,
Standing in endless array unmoved
By the strong winds and fearless
Often shy when touched
By tender fingers of a loving hand.

May you all protect the cheriched land
The salubrious enviornment and waht
It contains – I too, riding on
High cloouds that float from over
The sacred Sri Pada (Adams peak) shower
My blessing and protection to all
But those who ravish the sacres soil
Thoughts from James Taylor

Picked up by a sensitive friend on the wesak night of 6th May 1993

98

NEPAL

Von Tibet und Indien umschlossen liegt Nepal im Himalaja. »Klein aber fein« ist die Devise des Königreichs, aber Nepal-Tee soll bald so bekannt werden wie die feinen Darjeelings. Bis vor einigen Jahren wurden hauptsächlich einfache Qualitäten für den Eigenbedarf hergestellt, überwiegend in staatlichen Teegärten, die im Laufe der Zeit von wenig qualifizierten Verwaltern heruntergewirtschaftet wurden. Nun soll sich alles ändern: Die Teegärten sind in private Hände übergegangen, neue Teebüsche werden gepflanzt, moderne Verarbeitungsstätten gebaut. Ende der 60er Jahre wurde mit internationaler Unterstützung die »Nepal Small Tea Producers Co. Ltd.« gegründet.

Diese und inzwischen weitere Kooperativen verarbeiten die Ernten von ca. 6.500 Kleinbauern weiter und versucht sie international zu vermarkten. Außerdem konnte man in den letzten Jahren erfahrene Manager aus Darjeeling als Führungskräfte gewinnen. Die Klima- und Bodenbedingungen sind in Nepal ausgezeichnet: Hochlandlagen bieten den jungen Pflanzen beste Voraussetzungen.

Nepals ältester Teegarten besteht seit 1863, die Samen waren angeblich ein Geschenk des Kaisers von China.

Nepals ältester Teegarten besteht seit 1863, die Samen waren angeblich ein Geschenk des Kaisers von China. Heute bestehen insgesamt 15 Fabriken die teils Blätter aus eigenen Gärten oder die der unzähligen kleinen privaten Bauerngärten, die übrigens rund 85 % der gesamten Teemenge liefern, verarbeiten

Die meisten Tees werden nach orthodoxer Methode unter Einhaltung moderner ökologischer Standards hergestellt. Der feine frische Geschmack des nepalesischen Tees lässt die Nähe zu Darjeeling deutlich erkennen.

hi à 1H 40. Rejoigno

no arrivons à 17h 30.

madame   Min

s groupements d'enfant

nue. Les cris, les viv

Reise nach Nepal

Aus dem Reisetagebuch von Thomas Holz

Nach dem Frühstück im wunderhübschen und traditionell nepalesisch restaurierten Hotel »Dwarika's« geht es zusammen mit den Besitzern des Gartens Kanyam und meinem alten Freund Udaya, dem Chairman der Himalayan Tea Producers Cooperative (HIM-COOP), zum Flughafen. Wir klettern in die 20-sitzige Maschine der »Buddha-Air«. Selbst Nepalesen müssen sich hier drinnen stark verkleinern. Die Alternative wäre die »Yeti-Air« gewesen – auch nicht größer.

Mit wildem Propellergeheul hebt der betagte Flieger ab. Die Stewardess verteilt Bonbons und Watte. Nach 20 Minuten taucht ein markanter, schneeweißer Gipfel durch den Dunst über dem Himalaja – der Everest! Wie oft bin ich schon in seiner Nähe gewesen und jetzt dieser Anblick. Gewaltig. Ich bin sprachlos – aber in dem Flieger hätte mich eh niemand gehört.

Nach 45 Minuten landen wir auf dem winzigen Flughafen von Bhadrapur. Auf dem Rückweg sollte ich feststellen, dass der einzige Weg zu den Flugzeugen hier direkt über die Gepäckwaage führt.

Zwei Jeeps erwarten uns. Nach nur 1 1/2 Stunden erreichen wir den Garten Kanyam über die neu asphaltierte, steil aufwärtsführende Hauptstraße, die noch weit über das Örtchen Ilam bis in die entlegensten Teeregionen Nepals führt. Kanyam – ein mit ca. 30 Jahren noch junger Teegarten – hatte ich zuletzt 1993 und davor anno 1984 besucht. Welch gute Arbeit hier in 2.000 Metern Höhe zwischenzeitlich geleistet wurde, wird schon im Nebel deutlich. Frische, gepflegte Teepflanzen säumen die holprigen Wirtschaftswege. Zwischen Lunch und Dinner verkosten wir die Ernte der letzten 14 Tage – typische Monsunqualitäten, die man aber mit geringen Veränderungen im Verarbeitungsablauf dem deutschen Gaumen anpassen könnte. Wir machen morgen einen Versuch.

Am nächsten Morgen vertreibt die erste Tasse »Morning Tea« die Restmüdigkeit schnell und wir machen uns auf den Weg zur 30 Minuten entfernten Nestprol-Fabrik (Nepal Small Tea Producers Limited). Hier werden frische Teeblätter von mehreren Hundert Kleinbauern – den Smallholders – verarbeitet. Die Ernte wird per Jeep und Lastwagen dort abgeholt oder auf kleinen Pferden angeliefert. Über der Einfahrt prangt in großen Lettern auf einem Tuch »Welcome«. Die kleine Fabrik präsentiert sich in

bestem Licht. Sauber, aufgeräumt und richtig knuffig. Ich taufe sie prompt auf den Namen »Toy Factory«. Heute ist ein Tea Tasting mit allen Managern der Gärten, die sich in der HIMCOOP zusammengeschlossen haben, geplant. Nach und nach treffen alle Teilnehmer ein – einige mussten aufgrund der Entfernungen bereits sehr früh am Morgen aufbrechen.

Die Qualitäten aus der ersten, zweiten und aktuellen Ernte aller Gärten werden miteinander und im Vergleich zu den in anderen Teeregionen der Welt hergestellten Sorten verkostet. Schnell wird mir klar, welch großes Potenzial in dieser Anbauregion steckt, und die Manager diskutieren bereits, welche Schritte notwendig sind, um die Produktion auf die Teemärkte der Welt abzustimmen. Eine für alle Seiten sinnvolle Veranstaltung!
Der Tag klingt in gemütlicher Runde beim Kartenspiel aus. Gespielt wird »Twenty-One«. Das Ziel des Spiels blieb mir leider verborgen und so verlor ich 150 Rupees!
Der herrliche Schlaf wird jäh unterbrochen. Irgendjemand schellt acht Mal mit einer Kelle auf hohles Metall. Zum Frühstück Kartoffeln mit Butter – und auf geht's zur nächsten Teeverkostung. Tatsächlich finden sich noch einige kleine Partien aus der späten

Second Flush Ernte, die wunderbar in unseren Golden Nepal passen.
Weiterfahrt nach Ilam. Der Jeep schlängelt sich auf der neuen Straße eng an den Bergen entlang und es geht zunächst steil ins Tal hinab. Wunderschöne Ausblicke zwischendurch. Tee, Reis, Kardamom und Bananen wechseln sich ab und es wird merklich wärmer. Nach einer knappen Stunde pausieren wir kurz am River »Mai« (= mother) und überqueren ihn dann auf der schmalen, mit wackligen Holzbohlen belegten Eisenbrücke. Tatsächlich baden einige Nepalis vergnügt in dem eiskalten Gebirgswasser.
Es geht wieder hinauf auf 1.600 Meter in den alten Ort Ilam. Wolken durchwandern die Stadt und die umliegenden Teegebiete. Manchmal steigen sie aus dem Tal auf und dann sinken sie wieder von oben herab. Zeitweilig sind wir völlig darin verschwunden. Mitten in der Stadt biegen wir zur ersten und damit ältesten Teefabrik Nepals ab. Das kleine, stark strapazierte Gebäude wurde 1872 – also kapp 20 Jahre nach den ersten Teefabriken im benachbarten Darjeeling – errichtet. Der Garten um die Fabrik, die heute nur noch als Lagerhaus dient, umfasst ca. 40 Hektar feinster Teepflanzen der China-Gattung, die sich hier oben besonders wohl fühlt. Verarbeitet werden die Teeblätter in der Kanyam-Fabrik.

Wir treffen den Manager des Gartens und wandern ein wenig durch die traumhafte Teelandschaft. Schwül ist es jetzt – erste Schweißperlen genießen den Ausblick. Nach einer Tasse Tee im Blumengarten des Manager-Bungalows noch ein kurzer Blick in die alte Ilam-Fabrik. Unglaublich – da stehen noch die alten Verarbeitungsmaschinen, hergestellt in Dublin und Glasgow Ende des 19. Jahrhunderts! Welch ein Ort und Ambiente für ein Gästehaus hier am Ende der (Tee-) Welt. Sollte sich die Restaurierung dieser Antiquität realisieren lassen? Eine Idee kommt auf ...

Bevor wir Ilam verlassen, halten wir noch auf dem hiesigen, kleinen Wochenmarkt, um Kartoffeln zu kaufen – denn Ilam-Kartoffeln sind die besten in Nepal!

Eine gute halbe Stunde Fahrt und wir erreichen die Himalayan Shangri-La Tea Producers. Der Empfang hier ist von ganz besonderer Qualität. Es scheint, als hätte man schon lange Zeit hinter den Teebüschen auf uns gewartet. Plötzlich stürzt uns eine bunte Menschenmenge entgegen. Die Fabrikmitarbeiter überreichen Unmengen verschiedenster Blumen sowie selbst geflochtene Kränze aus Teeblättern. Begleitet wird der Empfang von Urlauten, die der Musikzug aus dem benachbarten Dorf seinen Yakhörnern entlockt – ganz offensichtlich eine äußerst anstrengende Art und Weise, Töne zu erzeugen. Über dem Eingang zur Teefabrik prangt ein überdimensionaler Willkommensgruß. Überwältigend!

Die gut organisierte Fabrik in fast 2.000 Metern Höhe verarbeitet die Ernte von Kleinbauern. Angebaut wird hier sogar bis zu einer Höhe von 7.500 feet! Tolle Tees gibt es hier, doch ist die Monsunernte noch kaum ein Thema für deutsche Teetrinker. Diese Shangri-La-Qualitäten könnten das ändern – es wäre einen Versuch wert. Wir verbringen den Abend mit Kartoffeln und hitzigen Debatten um die Zukunft der nepalesischen Teeindustrie.
Am nächsten Morgen bin ich gegen 5.00 Uhr wach, denn bereits jetzt wird in der kleinen Küche nebenan hektisch an einem üppigen Frühstück gearbeitet. Alle Speisen, die wir eigentlich erst am Abend essen würden, stehen zwei Stunden später auf dem Tisch und wir frühstücken ausgiebig auf der Terrasse des Manager-Bungalows.

Geleitet wird die Fabrik von Familie Mainali, und diese betreibt
zudem ein Teefachgeschäft in Kathmandu. Wie ich später feststellen sollte, werden dort hervorragende Tees verkauft – in der Regel
kiloweise. Ein Traum! Nach strahlendem aber kurzem Sonnen-
schein verschwinden Bungalows, Fabrik und umliegende Gärten
wieder in den Wolken. Wir machen uns auf den Weg zur Antu-
Valley-Fabrik. Zwischendurch reißen die Wolken immer wieder
auf und lassen einen Blick auf saftig-grüne Reisterassen zu. Eine
halbe Stunde bevor wir Antu-Valley erreichen – der Berg Antu
soll einen deutlich schöneren Blick auf die Himalajagipfel erlauben
als der Tiger Hill im benachbarten Darjeeling –, schlägt Bushan
einen Abstecher zur wirklich abgelegenen Mai-Ilam-Fabrik vor.
Die Straße dorthin ist absolut nicht mehr befestigt und ich frage
mich, wie hier überhaupt Material hinauf- und Tee hinabtrans-
portiert werden kann. Der Toyota Geländewagen windet sich
20 Minuten durch unglaubliche Schlaglöcher und Schlammpar-
tien – dann geben wir auf. Auf der Rückfahrt kommen uns drei
wirklich antike Landrover entgegen, die trotz der widrigen Bedingungen munter den Berg erklimmen. Geschätztes Alter: 40 Jahre.
Nicht zu fassen!

China ist die Wiege des Tees, hier wurde
der Tee schon vor Jahrtausenden entdeckt.

CHINA

Das Reich der Mitte hat auch die größte Teevielfalt und die raffiniertesten Spezialitäten zu bieten. Das Wissen um die Teeverarbeitung kommt ebenso aus China wie das feine Teeporzellan. Viele Tees werden noch in kleinen privaten Gärten von Hand verarbeitet. Über Jahrhunderte, wenn nicht Jahrtausende hinweg, war die Kultivierung der Teepflanzen immer gleich: Die Teesamen wurden im Oktober gesammelt, eingesetzt, über den Winter zum Sprießen gebracht und im Frühling in engen Reihen ausgepflanzt. In heißen Gebieten legte man größere Teegärten an Nord- und Osthängen der Berge an und pflanzte Hirse und Mais als Schattenspender dazwischen. In kalten Gebieten bzw. im Winter wurden die

Teesträucher in Strohmatten gepackt, um Frostschäden zu verhindern. Ein chinesisches Sprichwort sagt: »Der feinste Tee wächst auf den höchsten Bergen«, was die Chinesen aber nicht davon abhielt, Tee überall anzubauen, wo ein kleines Stückchen Land frei war, ob im wärmeren Flachland, in extrem schwer zugänglichen Landschaften oder direkt außerhalb turbulenter Großstädte.

China ist hinter Indien das zweitgrößte Teeerzeugerland, mit einer Teeproduktion von 870.000 Tonnen auf 1,2 Millionen Hektar Anbaufläche. Der größte Teil davon ist grüner Tee. Der Jahresexport liegt bei 286.000 Tonnen, womit Tee das wichtigste nicht-technische Exportgut ist, neben Textilien und Leder. Hauptabnehmer sind die Sowjetunion, Marokko, Japan und Hongkong. Deutschland deckt 19 % seines Bedarfs aus China.

Als die Briten Mitte des 19. Jahrhunderts begannen in Indien, Ceylon und Afrika Tee anzubauen, verlor China seine exklusive Stellung auf dem Weltmarkt. Der grüne Tee verschwand nun aus den Teetassen Europas, hier trank man fast nur noch den schwarzen Tee aus den englischen Kolonien. Den Löwenanteil der chinesischen Teeproduktion macht trotzdem noch immer der grüne Tee aus. Aber auch schwarzen Tee stellen die Chinesen für den Weltmarkt in erheblichen Mengen her.

Die Pflücksaison dauert in China von März/April bis September. Die feinsten Qualitäten und über 50 % Jahresproduktion werden allerdings Mitte April gepflückt, gefolgt von der Pflückperiode im Frühsommer. In einigen Zonen wird auch im Herbst noch einmal geerntet, die Erntezeiten hängen allerdings auch von der Teesorte ab. Die verschiedenen Teesorten werden in China nicht nach ihrer Herkunft, also nach dem Teegarten, in dem sie wachsen, benannt, sondern gehen auf ihre Qualität oder auf bestimmte Verarbeitungs-Prozedere zurück. Außerdem hat jede Provinz einen eigenen Namen mit eigener Aussprache und Schreibweise, so dass es vorkommen kann, dass ein und derselbe Tee in einem anderen Anbaugebiet vollkommen anders heißt, geschrieben und ausgesprochen wird.

China stellt als einziges Produktionsland Spezialitäten wie Jasmin-Tee, Rosen-Tee und Lichee-Tee her. Die Teesorten werden zusammen mit den entsprechenden Blüten gedämpft und nehmen so deren Duft und Geschmack an.

Heute sind es 14 chinesische Regionen und Provinzen, in denen Tee wächst: **Anhui, Fujian, Guangdong, Guangxi, Guizhou, die Insel Hainan, Henan, Hubei, Hunan, Jiangsu, Jiangxi, Szechuan, Yunnan, Zhejiang.** Jede Provinz hat fast jede der gängigen Teesorten im Angebot, aber einige bestimmte Provinzen haben den Ruf Hochburgen für bestimmte Teesorten zu sein. Fujian gilt als Zentrum der aromatisierten Tees, Guangdong, Guizhou und Fujian sind für ihre hervorragenden Oolongs und ihre grünen Tees bekannt. Der grüne Tee mit seinen positiven Eigenschaften ist für den westlichen Gaumen oft gewöhnungsbedürftig.

Die Provinzen Anhui, Henan, Hubei, Jiangsu, Yunnan und Szechuan gelten als Hochburgen des Schwarztees. Der chinesische Schwarztee schmeckt mild, süß-würzig und leicht rauchig. Die bekannteste Sorte ist der Keemun. Er ist in zwei verschiedenen Qualitäten erhältlich: als »superior«, der meist aus den besten Pflückungen stammt, und der »congou«, von etwas schlichterer Qualität. Keemuns enthalten wenig Koffein und haben einen milden, weichen Geschmack. Das Bergland Yunnan grenzt an das indische Assam und wird als Ursprungsland des Tees bezeichnet (andere Quellen sprechen von der Provinz Szechuan). Yunnan-Tee ist bekömmlich, aromatisch und vollmundig im Geschmack. Von hier kommt auch der in letzter Zeit beliebt gewordene Pu-Erh-Tee, ein nachfermentierter grüner Tee, der aufgrund seiner Tassenfarbe auch »Roter Tee« genannt wird.

JAPAN

Schon Marco Polo zeigte sich angetan von der Insel Japan, damals noch Cipangu genannt, und ebenfalls von ihren Bewohnern: »Cipangu ist eine große Insel, 150 Seemeilen vom Festland entfernt. Dort leben schöne, weißhäutige Menschen mit gefälligen Manieren«.

Aus China wahrscheinlich schon um 800 v. Chr. durch den Mönch Dengyo Daishi eingeführt, spielte der Tee in Japan zunächst nur eine unbedeutende Rolle und wurde fast ausschließlich zu medizinischen Zwecken genutzt. Buddhistische Mönche schätzten aber bald die erquickende Wirkung während ihrer Meditationen.

> *»Cipangu ist eine sehr große Insel,*
> *150 Seemeilen vom Festland entfernt.*
> *Dort leben schöne, weißhäutige Menschen*
> *mit gefälligen Manieren.«*
>
> *Marco Polo*

In der Muromachi-Zeit von 1336 bis 1605 gelangte die Tee-zeremonie dann zu ihrer vollen Entfaltung. In dieser Periode konnte sich das wohlhabende Bürgertum unter zunehmender Macht der Lokalfürsten, der Daimyo, etablieren.

Heute produziert Japan etwa 100.000 Tonnen Tee pro Jahr. Es werden ausschließlich grüne Tees produziert. Exportiert wird noch nicht einmal ein Prozent der Ernte, die Japaner trinken ihren Tee also fast ausschließlich selbst. Doch der exportierte Tee hat es in sich. Neben den hochwertigen Standards bietet Japan auch eine einzigartige Teespezialität an: den Gyo-kuro. Er ist einer der besten und kostbarsten Grüntees der Welt. Seine aufwändige Produktion schlägt sich natürlich auch im Preis nieder: 20 Euro oder mehr muss man für 100 g Tee bezahlen. Der Gyokuro wird drei Wochen vor der Ernte mit Schilfmatten und dunklen Netzen bedeckt. Wenig Licht dringt so zu den Teepflanzen durch, die Blätter entwickeln wenig Tannin, dafür aber einen zarten, milden Geschmack. Gyokuro ist reich an Inhaltsstoffen.

Der erste japanische Teegarten wurde an Japans größtem See, dem Biwa-ko, angelegt. Heute ist der wichtigste Anbaubezirk Shizuoka, malerisch am Fuße des Fujijama gelegen. Von hier kommt etwa die Hälfte der japanischen Teeernte, vor allem der Sencha. Der Sencha ist der beliebteste Alltagstee der Japaner und wird in den unterschiedlichsten Qualitäten, von einfach bis edel, hergestellt. Ein guter Sencha kann sowohl geschmacklich als auch preislich einem niedrigen Gyokuro ebenbürtig sein. Eine Regel gibt es aber: je dunkelgrüner die Teeblätter, umso höher die Qualität.

Von Bedeutung sind auch die Bezirke Kagoshima auf der Insel Kyushu, Kyoto, Nara, Mie, Saga, Fukuoka und Saitama. Nishio im Bezirk Aichi ist bekannt für seinen grünen Pulver-tee, den Matcha.

Japanische Teegärten unterscheiden sich von denen in Indien oder China durch die andersartige Kultivierung bzw. Anordnung der Pflanzen und andere Erntemethoden. Geerntet wird in Japan ab Mai und endet bereits im September, die besten Qualitäten werden von Mai bis Mitte Juni gepflückt. Im Winter schützt man die Teepflanzen vor Frösten mit fest installierten Ventilatoren.

Welche Teesorte man auch trinkt – in Japan wird niemals Zucker, Sahne, Milch, Zitrone oder, völlig abwegig, Rum hinzugefügt!

INDONESIEN

Das viele tausend Eilande umfassende Inselreich erstreckt sich von Malaysia bis Papua-Neuguinea. Java und Sumatra sind die größten Inseln und gleichzeitig die Haupt-Teeanbaugebiete. Im frühen 17. Jahrhundert begann die Holländische Ostindien-Gesellschaft (laut ihrer holländischen Initialien VOC = Verenigde Ostindische Compagnie) den langjährigen Handel zwischen dem Mutterland und seinen Kolonien.

Anfang des 18. Jahrhunderts begann man hier mit der Teekultivierung, anfangs mit Samen des chinesischen Teestrauches, der auf den feucht-heißen Inseln aber nicht so recht gedeihen wollte. So ging man auf die Assam-Teepflanze über, die sich in Indonesien sofort heimisch fühlte. Bis zum Zweiten Weltkrieg dominierte der indonesische Tee zusammen mit dem indischen den europäischen Markt. Der Krieg brachte die indonesische Teewirtschaft jedoch zum Erliegen, ein Rehabilitationsprogramm startete erst Mitte der 1980er Jahre. Seitdem wurde die Teeindustrie erheblich ausgebaut. Neue Teegärten, Fabrikationsanlagen und eine Verbesserung der Infrastruktur hatten eine Produktionsvermehrung zur Folge. Heute produziert Indonesien 165.000 Tonnen Tee jährlich, das entspricht einem Anteil von 5 % an der Weltproduktion. Nach Indien, China, Sri Lanka und Kenia ist Indonesien das fünftwichtigste Anbauland.

*Jahrelang stellte Indonesien ausschließlich schwarzen Tee
her, seit 1988 ist wegen großer internationaler Nachfrage
auch grüner Tee im Angebot.*

Der indonesische Grüntee ist oft mit Jasminblüten versetzt und als Fertiggetränk überall im Lande erhältlich. Dank des konstant feucht-heißen Klimas von Indonesien (es liegt direkt am Äquator) kann die Teeernte das ganze Jahr über erfolgen, obwohl die besten Tees im Juli, August und September gepflückt werden. Das Besondere an diesen Tees ist die, sich durch das Klima ergebende, gleichbleibende Qualität. So wird er von Teeherstellern gern zum Mischen verwandt.

Auf Java werden während der Trockenzeit von Juli bis September die besten Tees geerntet. Diese feinen Tees ähneln im Geschmack guten Ceylons, ihr Aroma ist allerdings etwas milder. Sumatra produziert dagegen ganzjährig einfache bis mittlere Qualitäten. Die meisten Teegärten haben sich auf Mengenproduktion spezialisiert, das orthodoxe Verfahren wird bevorzugt.

Formosa, »*Die Schöne*«,
taufen die Portugiesen 1583
die Südchina vorgelagerte Insel.

TAIWAN (FORMOSA)

Das heutige Taiwan ist 36.000 qkm groß, etwas größer als Baden-Württemberg. Im nördlichen Teil Taiwans herrscht subtropisches Klima, der Süden ist vorherrschend tropisch. Die ersten Teegärten wurden hier vor rund 300 Jahren gepflanzt. Tee wird heute vor allem in Zentraltaiwan in der Provinz Nantou angebaut. Insgesamt werden in Taiwan 22.000 Tonnen pro Jahr produziert, so liegt Taiwans Anteil an der Weltproduktion bei weniger als einem Prozent.

In ausgedehnten Hochtälern wachsen, bis in eine Höhe von 2.400 Metern, in kleinen, von Familien bewirtschafteten Pflanzungen wunderbare Hochland-Oolongs. Diesen Oolongs (halbfermentierte Tees) verdankt Taiwan seinen guten Ruf. Die unterschiedlichen Tages- und Nachttemperaturen, hohe Luftfeuchtigkeit und dichter Nebel lassen einen qualitativ hochwertigen, reinen und süßlich schmeckenden Tee entstehen. Die unglaubliche Geschmacksfülle und Vielfalt, ihr betörender, blumig-süßer Duft, machen den Genuss dieser Tees zu einem unvergesslichen Erlebnis.

Die Stadt Lugu ist neben Hsitou und Wu Xi eines der bedeutendsten Teeanbaugebiete und Handelszentrum in Zentral-Taiwan. In Lugu befindet sich Taiwans ältestes Teemuseum und der Sitz der TTFA (Taiwan Tea Farmers Association). Die Taiwan Tea Farmers Association hilft die Teekultur in Taiwan zu bewahren und zu fördern.

骆驼牌
中國綠茶
一級珠茶

AFRIKA

Tee wird in Afrika erst seit Anfang des 20. Jahrhunderts angebaut. Die Teepflanze hat es je nach Anbaugebieten aufgrund des heißen Klimas nicht immer leicht. Tee braucht regelmäßig viel Regen, und auf den wartet man in Afrika manchmal vergeblich, in Dürrezeiten fallen die Ernten entsprechend geringer aus. Durch den relativ späten Einstieg in die Teeproduktion sind die Fabriken viel moderner ausgestattet als jene in Darjeeling oder Sri Lanka, es hat aber auch zur Folge, dass der afrikanische Tee überwiegend im CTC-Verfahren (Crushing Tearing Curling) hergestellt wird, so dass er sich in Mischungen oder Teebeuteln verbirgt.

Die afrikanische Tasse ist kräftig und hell, man kann sie gut mit Milch trinken.
Da dies hervorragend zu den englischen Teegewohnheiten passt, ist es nicht verwunderlich, dass 60 % des afrikanischen Tees nach England exportiert werden.

Kenia

Kenia ist ungefähr so groß wie Frankreich, liegt in Ostafrika am Äquator und ist eines der beliebtesten Touristenziele in Afrika: Steppen, Wüsten, wilde Tiere, endlose Badestrände und der Viktoria-See, der zweitgrößte See der Welt, locken jährlich Millionen von Urlaubern an. Aber Kenia ist auch einer der ältesten Teeproduzenten Afrikas. Die ersten Teesamen brachte der Engländer G. W. L. Caine im Jahr 1903 von Indien nach Kenia, wo im Distrikt Limuru, in der Nähe der Hauptstadt Nairobi, der erste Teegarten entstand. Hier kann man sogar noch einige der ersten Teepflanzen bestaunen, die nicht gestutzt wurden und als große Teebäume »überlebt« haben. Seit Mitte des 20. Jahrhunderts sind Anbaufläche, Ernte und Exportmenge von Kenia-Tees rasant angestiegen. Jährlich werden heute auf 125.000 ha fast 330.000 Tonnen Tee erzeugt und so ist Kenia mit einem Anteil von fast 10 % an der Welt-

produktion das viertgrößte Erzeugerland der Welt und der größte Teeproduzent in Afrika. 95 % des Tees werden exportiert. Kenia ist mit 20 % des Teeweltexports einer der größten der Weltexporteure. Zu den wichtigsten Abnehmern gehören Großbritannien, Pakistan, Ägypten und Afghanistan. Nach Deutschland werden vor allem orthodox hergestellte Tees eingeführt. Etwa 320.000 Kleinbauern (»smallholders«) leben in Kenia vom Teeanbau und produzieren 80 % der Ernte.

In Kenia herrscht tropisches Klima mit einer Luftfeuchtigkeit von 65–75 %. In den Höhenlagen schwanken die Temperaturen zwischen 22 und 32 °C, die Nächte sind deutlich kühler. Juli und August sind die kältesten Monate, Januar und Februar die wärmsten. Die Teegärten liegen überwiegend im Hochland, wo die klimatischen Bedingungen für Tee gut sind. Zwei Regenperioden, die eine von April bis Juni und die

andere im Oktober und November, bescheren den Anbaugebieten ausreichend Feuchtigkeit, lange, sonnige Tage mit viel Wärme und Licht gleichen dies wieder aus.

Die Hauptanbaugebiete sind die fünf Distrikte Kericho, Nandi, Nyeri, Meru und Limuru-Kiambu östlich und westlich des Great Rift Valley gelegen, in Höhen zwischen 1.500 und 2.100 Metern. Wegen der günstigen Klima- und Bodenbedingungen kann der Tee ganzjährig geerntet werden – für die Top-Sorten händisch und klassisch »two leaves and a bud« (»eine Knospe und zwei Blättchen«).

Kenia verarbeitet seinen Tee allerdings hauptsächlich nach der CTC-Methode, nur kleinere Mengen werden, besonders für Deutschland, orthodox hergestellt. Kenia-Tee ist recht kräftig und würzig und hat ein leichtes Zitronenaroma.

TEA BOARD OF KENYA

Ähnlich wie das tea board *of India ist das* tea board of Kenya *für die komplette Organisation des Teeanbaus, der Produktion und des Exports zuständig. Es wurde in den 1950er Jahren gegründet, setzt sich aus 16 Mitgliedern aus dem Agrarministerium, aus Kleinbauern, großen Produzenten und der* East African Tea Association *zusammen. Sie vertritt die Interessen aller Teeproduzenten, ob Kleinbauern oder Großproduzenten.*

Zu seinen Aufgaben gehören Lizenzvergaben, Registrierungen, Vermarktung und Public Relations. Für die Forschung ist die Tea Research Foundation of Kenya *in Kericho verantwortlich.*

121

Malawi

Nach Kenia stellt das südafrikanische, am Lake Nyasa gelegene Malawi mit einer Produktion von 40.000 Tonnen auf gut 40.000 ha den wichtigsten Teeproduzenten Afrikas dar. Die ersten Samen kamen aus dem Botanischen Garten in Edinburgh, Schottland. Um die Jahrhundertwende zum 20. Jahrhundert wurden dann Gärten mit Samen aus dem südafrikanischen Natal angelegt, die wiederum aus Ceylon stammten. Eigentlich ist Malawi geographisch nicht unbedingt »das« Teeland – flache Ebenen, hohe Temperaturen und unregelmäßige Regenfälle machen dem Tee das Leben schwer. Mal zu wenige Niederschläge, mal heftige Regengüsse haben so manche Ernte vernichtet. Ganz besonders schwer traf es Malawi im Jahr 1992, als eine extreme Dürre mit ungewöhnlich hohen Temperaturen das Land heimsuchte. Neue Pflanzungen verkümmerten und gingen schließlich ganz ein, schon bestehende trugen bleibenden Schaden davon. Nach 1994 besserte sich die Lage jedoch und scheint sich stabilisiert zu haben. Malawi-Tee ist von guter mittlerer Qualität, sein Geschmack ist kräftig. Die besten Qualitäten werden im Oktober und November geerntet, die Anbaugebiete liegen zwischen 800 und 1.400 Metern Höhe.

Kamerun

Schon Ende des 19. Jahrhunderts versuchten sich deutsche Pflanzer in Kamerun mit den verschiedensten Kulturpflanzen, wie Kaffee, Bananen, Tabak oder Ölpalmen. Und so auch mit Teebüschen, die erstmals 1914 im Küstenort Tole an den Hängen des Mount Cameroun, dem einzigen aktiven Vulkan Westafrikas, angebaut wurden. Kamerun liegt in der »Ecke« an der westafrikanischen Küste und bietet gute Voraussetzungen für den Teeanbau, nämlich gute Bodenbeschaffenheit und feuchtwarmes Klima. Das bedeutet, dass ganzjährig geerntet werden kann. Seit 1954 stellt Kamerun hervorragende Qualitäten her. Die Teegärten befinden sich von Tole ausgehend nördlich an der Grenze zu Nigeria. Bis Mitte der 1960er Jahre waren Europa und das Nachbarland Nigeria Hauptabnehmer, was sich jedoch zugunsten des lokalen Exports geändert hat. Heute wird Kamerun-Tee in erster Linie in den Tschad und den Sudan geliefert. Nachdem aber Expansion und Modernisierung geplant sind und gefördert werden, wird wohl in der Zukunft der europäische Markt wieder verstärkt berücksichtigt werden.

Alle drei Teeanbaugebiete bringen verschiedene Tees hervor: Tole den »lowgrown« CTC-Blatt-Tee, Djuttitsa den Hochland »Klon-Tee« und Ndu den orthodoxen Schwarztee, ebenfalls aus Hochland-Lagen.

Südafrika

Die ersten Teesträucher kamen aus England, aus Kew Gardens, und wurden erstmals 1850 südlich des Limpopo-Flusses in der Provinz Natal gepflanzt. Der kommerzielle Anbau begann allerdings erst 1877, und zwar mit Assam-Tee, vorerst ausschließlich für den lokalen Gebrauch. Heute erstrecken sich die südafrikanischen Teegärten im Südosten des Kontinents auf Höhen von bis zu 1.600 Meter. Geerntet wird in der kurzen Regenzeit zwischen November und März. Südafrikanischer Tee wird überwiegend zu Teebeuteln verarbeitet (CTC) und aufgrund der starken lokalen Nachfrage hauptsächlich im Land selbst getrunken. Der Zulu-Tee hat sich jedoch eine kleine Absatz-Nische in Nordengland geschaffen. Charakteristisch für diesen schwarzen Tee ist sein frischer Geschmack, er erinnert an Ceylon-Tee, der ihn besonders als Frühstückstee beliebt gemacht hat – meist wird der Tee mit Milch getrunken.

Ebenfalls beliebt ist der Tee aus dem teeähnlichen Gewächs »Rotbusch«, aus dessen Blättern ein Kräutertee von leichter, aromatischer Tasse und weicher Süße hergestellt wird. Rooitee (oder auch Rotbuschtee) hat einen niedrigen Tanningehalt und ist koffeinfrei.

Tansania

Deutsche Siedler waren Anfang des 20. Jahrhunderts die Pioniere im tansanischen Teeanbau, der jedoch kommerziell erst gut 20 Jahre später begann. Die Hauptproduktionsgebiete sind Usambara, Rungwa, Munfindi, Njombe und Kagera. Etwa 50 % der Teegärten gehören Großproduzenten, der Rest wird von Kleinbauern bewirtschaftet. Die Anbaugebiete liegen zwischen 1.000 und 2.000 Meter. Wirtschaftliche Schwierigkeiten wie z.B. Wassermangel durch Dürreperioden, zu wenig Arbeitskräfte zur Haupterntezeit, Benzinknappheit oder zu wenig Transportmöglichkeiten, um die Blätter von den Gärten in die Fabriken zu fahren, sind die Gründe einer von Jahr zu Jahr schwankenden Produktion.

Tansania-Tee, hauptsächlich CTC-Qualität, wird zu 70 % exportiert. Er schmeckt ähnlich wie ein Ceylon-Tee, kräftig und fruchtig.

Burundi und Ruanda

Diese beiden Länder machen wegen ihrer geringen, aber hochwertigen Produktion auf sich aufmerksam. Nach Kenia produzieren sie Afrikas beste Tees. Ein Großteil der Teegärten liegt im Hochland auf 2.000 Metern. Außerdem wird in vielen Fabriken sehr sorgfältig produziert, was sich auf die Qualität des Tees natürlich sehr positiv auswirkt.

Weitere Teeländer Afrikas sind Äthiopien, Mosambique, Zaire und Uganda und die Inseln Madagaskar und Mauritius. Kleinstmengen kommen aus Nigeria, Ghana, Sierra Leone und dem Senegal.

SÜDAMERIKA

Brasilien

Das größte südamerikanische Land produziert orthodoxen schwarzen Tee südlich von Sao Paulo, ebenfalls hauptsächlich für den nordamerikanischen, aber auch für den einheimischen Markt. Brasilianischer Tee gilt im Teehandel als besser als der argentinische, obwohl man ihm auch ein wenig »Fadheit« nachsagt. Brasilianer trinken ihn am liebsten mit Milch.

Weitaus bekannter als der brasilianische Schwarztee ist der Matetee, der aus den immergrünen Blättern des Matestrauchs gewonnen wird. Die Blätter werden sowohl grün als auch geröstet angeboten. Er wird wie schwarzer und grüner Tee gewelkt und getrocknet. Mate enthält Koffein, seine Wirkung wird durch die Ziehzeit bestimmt.

Argentinien

95 % der argentinischen Teeproduktion kommen aus der Provinz Misiones. Hier wird schwarzer Tee hergestellt, der meist in die USA exportiert wird. Argentinischer Tee ist dunkel im Aufguss und schmeckt herb-erdig.

Ecuador

Auch das kleine Land im Nordwesten gehört seit den späten 1960er Jahren zu den Teeproduzenten. Der meiste (schwarze) Tee wird in die USA ausgeführt und dort mit anderen Teesorten gemischt. Wie auch der argentinische Tee besitzt der ecuadorianische einen leicht erdigen Geschmack.

EUROPA

Man glaubt es nicht, aber auch in Europa wird Tee angebaut – natürlich nicht in Mittel- und auch nicht in Südeuropa, aber auf den Azoren, der Inselgruppe im Atlantik, und zwar auf der Vulkaninsel San Miguel.

Schon 1820 brachten brasilianische Schiffe die ersten Teepflanzen auf die Insel – aufgrund der wenigen bzw. schlechten Kenntnisse im Teeanbau und in der Teeproduktion war die Qualität lange dementsprechend schlecht. Erst in den 1980er Jahren startete ein Programm mit Fachleuten aus Mozambique, die die alten Teegärten erneuerten, neue Pflanzen einsetzten und Erntemethoden verbesserten – und damit auch die Qualität. Tee von den Azoren ist ein beliebtes Souvenir der Touristen.

In der Nähe von Lucca / Tockana wachsen auch Teepflanzen, die einmal für den Privatgebrauch einer dort ansässigen Familie versuchshalber angeaut wurden.

Neuerdings wird Tee in England, Cornwall, Tregothnan Estate, erfolgreich angebaut und unter dem Namen »Classic Tea« in England verkauft.

Und auch in der Schweiz, auf den Brissago-Inseln am Lago Maggiore, sind jüngst erste Pflanzungen eingeweiht worden.

AUSTRALIEN UND NEUGUINEA

Auch in »down under« wächst Tee, der zum größten Teil zu schwarzem Tee nach der CTC-Methode verarbeitet wird. Die ersten Teegärten stammen aus den späten 1880er Jahren und lagen in Queensland. Ein Hurrikan zerstörte die Gärten im Jahr 1918, und erst Ende der 1950er Jahre konnte sich die Tee-industrie wieder etablieren. Am bekanntesten ist der Madura-Tea aus dem gleichnamigen Garten, gefolgt vom Nerada-Tee.

Neuguinea bietet der Teepflanze nahezu ideale Klimaverhältnisse und Bodenbeschaffenheiten wie bergiges Binnenland und fruchtbare Ebenen an den Küsten. Von hier wird schwarzer Tee hauptsächlich nach Australien exportiert.

Teegenuss in aller Welt

Nur Wasser wird weltweit häufiger getrunken als Tee. Tee, und damit verbundene manchmal schon rituelle Zeremonien, haben ganze Kulturen geprägt. Schon im alten China waren Tee und das Teetrinken ein Zeichen von Freundschaft und Geselligkeit, das in der Tang-Dynastie (618–907 n. Chr.) zum regelrechten Kultobjekt erhoben wurde.

Tee trinkt man nicht, um seinen Durst zu löschen – Tee trinken bedeutet Genuss und Muße, und deshalb gilt es, ein paar Dinge zu berücksichtigen, die den Genuss steigern und für optimales »Teegefühl« sorgen. Auch die besten Teesorten können einen faden Aufguss ergeben, wenn man sie falsch zubereitet. Nimmt man sich jedoch die Zeit und achtet auf einige Grundregeln der Teezubereitung, dann wird Teegenuss zu einem Erlebnis.

TEEZUBEREITUNG

DER TEE

Die besten Techniken für die Zubereitung des Tees nutzen jedoch wiederum wenig, wenn Sie sich nicht für einen guten Tee entscheiden. Die Wahl von Teesorten in guter Qualität lohnt sich auf jeden Fall, zumal Tee kein Luxusartikel ist und sehr ergiebig. Nehmen Sie sich die Zeit und probieren Sie mehrere Teesorten, bis Sie diejenigen gefunden haben, die Ihnen am besten schmecken. Aber auch dann empfiehlt es sich, immer wieder zu probieren, denn ständig kommen neue Teesorten auf den Markt. Gute Teehändler treffen die Wahl für jeden Tee, der eingekauft wird, immer wieder neu und es ist eine wunderbare Erfahrung, sich köstliche Sorten empfehlen zu lassen.

Tee ist nicht unbegrenzt haltbar. Bewahren Sie ihn möglichst luftdicht in fest schließenden Dosen auf – und bevorraten Sie nicht über ein Jahr hinaus. So kommen Sie automatisch auch in den Genuss der jeweils neuen und frischen Ernte. Grünen Tee kann man auch im Kühlschrank aufbewahren, wo er seine flüchtigen Aromen am besten konservieren kann.

DIE DOSIERUNG

Wie viel Tee pro Tasse benötigt wird, das ist von Tee zu Tee verschieden und hängt auch davon ab, welche Sorte oder welchen Blattgrad Sie wählen. Grundsätzlich kann pro Tasse, die zubereitet werden soll, ein Teelöffel Tee gerechnet werden – das besagt ja bereits der Begriff »Teelöffel« –, wobei der Löffel gehäuft ist, wenn es sich um Blatttee handelt, und gestrichen, wenn Sie kleinere Blattgrade wie z. B. Broken aufgießen. (Zu den Blattgraden lesen Sie S. 60.) Diese Form der Dosierung bleibt dennoch etwas ungenau, da es Teelöffel verschiedenster Größen gibt. Im Teefachhandel gibt es daher grammgenaue Zubereitungstipps und z. T. auch spezielle Maßlöffel.

Für einen kräftigen Tee geben Sie noch den »Löffel für die Kanne« hinzu. Es ist immer besser, den Tee eher kräftiger zuzubereiten als zu schwach, denn ein starker Tee kann durch etwas heißes Wasser verdünnt werden. Ein zu schwacher Tee hingegen ist verloren.

KANNE UND TASSEN

Am besten schmeckt Tee aus dünnem Porzellan. Dicke »mugs« eignen sich nicht so gut. Tassen aus Steingut oder Glas gehen natürlich auch, ebenso rostfreier Stahl oder Silber – vorausgesetzt, es handelt sich um eine neue Legierung, die keine Schadstoffe in den Tee abgibt.

Es ist Ihrem eigenen Geschmack überlassen, ob sie der Meinung folgen, wonach die Teekanne nur mit heißem Wasser ausgespült werden sollte, um den braunen Belag zu erhalten, der sich als »Patina« in der Kanne absetzt. Eine große Bedeutung für den Geschmack des Tees hat diese Entscheidung sicher nicht. Wenn Sie jedoch Ihre Kanne mit Bürste und Spülmittel reinigen, dann sollte sie danach sehr sorgfältig und heiß ausgespült werden, um alle Reste an Spülmitteln zu beseitigen. Möchten Sie den Belag in der Kanne erhalten, dann ist es wichtig, für grünen und schwarzen Tee jeweils eine eigene Kanne zu nutzen, um den Geschmack nicht zu irritieren. Wie auch immer Sie Ihre Teekanne reinigen, wichtig ist, dass sie ausschließlich für Tee reserviert ist und für keine anderen Getränke wie beispielsweise Kaffee. Dies verzeiht der geschmacksempfindliche Tee nicht.

TEEZUBEREITUNG

Die beste Art der Zubereitung ist das Aufbrühen direkt in einer Ziehkanne, um nach dem Ziehen den Tee durch ein Sieb in die gegebenenfalls vorgewärmte Servierkanne umzufüllen. So können sich der Tee und sein Aroma optimal entfalten. Um die Zubereitung etwas zu vereinfachen, können Sie auch Teesiebe oder Teefilter aus Papier, Keramik oder Baumwolle nutzen, nur kein Teeei – darin kann der Tee nicht quellen und sein Aroma nicht entfalten! Beim Aufguss dehnen sich die Blätter je nach Sorte bis auf die mehrfache Größe aus. Auch dann sollten sie noch frei schwimmen können und von allen Seiten von Wasser umgeben sein.

Schwarztee wird in der Kanne mit frischem, sprudelnd kochendem Wasser übergossen. Zuerst (während der ersten Hälfte der Ziehzeit) löst sich das anregende Thein, danach das magenberuhigende Tannin. Länger als fünf Minuten sollten Sie den Tee nicht ziehen lassen, weil er bitter werden könnte und nach fünf Minuten ohenhin alle gewünschten Inhalte aus dem Teeblatt gelöst wurden. Aber auch hier sollten Sie ausprobieren, wie der Tee (und die einzelne Sorte) Ihnen am besten schmeckt.

Darjeeling-Kenner dosieren ihren Tee z. B. folgendermaßen: Für den »first flush« genügt ein gestrichener Teelöffel pro Tasse und zwei Minuten zum Ziehen, für den »second flush« gibt man einen leicht gehäuften Teelöffel in die Kanne und lässt ihn drei Minuten ziehen.

Natürlich wird die Zubereitung immer ein Kompromiss aus gewünschter Wirkung und Geschmack sein. Ist die anregende Variante angestrebt, dann empfiehlt es sich leicht höher zu dosieren und eine kurze Ziehzeit von einer bis zwei Minuten zu wählen. Möchten Sie dem gleichen Tee die ausgleichende Wirkung entlocken, so gehen Sie mit der Dosierung leicht zurück und wählen eine lange Ziehzeit von z. B. vier Minuten. Je nach Sorte könnte die Tasse dann jedoch etwas bitter ausfallen.

Bei Grüntee verfährt man anders: Er sollte mit Wasser aufgegossen werden, das nach dem Kochen wieder leicht abkühlen konnte. Je besser die Teequalität, desto niedriger kann die Wassertemperatur sein, bis ca. 60 °C. Je nach Dosierung kann man grünen Tee mehrfach aufgießen, wobei sich Geschmacksintensität und Inhalte verändern. Der Tee wird jedes Mal milder und gerbstoffärmer. Für die meisten Grüntees gilt jedoch: Bei einer durchschnittlichen Dosierung von 10–12 Gramm pro Liter erziele ich einen wohlschmeckenden Liter fertigen Tee. Asiaten dosieren deutlich höher und entlocken den Blättern dann folgerichtig mehrere Aufgüsse. Übrigens sind die wenigsten Grüntees in der Tasse wirklich »grün« – das gilt fast nur für japanische Tees, die manchmal sogar geradezu neongrün leuchten. Alle anderen schimmern von zartgelb über messingfarben bis zu hellem bzw. bräunlichem Bernstein. Die Ziehzeit für Grüntees ist insgesamt deutlich kürzer als für Schwarztees. Japanische Sorten ziehen z.B. sortenabhängig nur eine Minute.

DAS WASSER

Erkundigen Sie sich unbedingt auch einmal nach dem Härtegrad Ihres Wassers. Die Qualität des Wassers ist nicht unerheblich für den Geschmack des Tees. Für Tee eignet sich am besten ein weiches, kalkarmes und geschmacksneutrales Wasser. Ein feiner Tee wie z.B. ein Darjeeling braucht sehr gutes Wasser, auf Chlor reagiert er empfindlich. Der robustere Assam-Tee hingegen behauptet sich auch gegenüber etwas härterem Wasser. Behagt Ihnen der Geschmack Ihres Tees nicht oder sind Sie enttäuscht über die Qualität des neuen Tees, der beim Händler noch so köstlich schmeckte, dann versuchen Sie es mit einem Wasserfilter oder – bei extrem kalkhaltigem Wasser – mit stillem Mineralwasser (davon sind aber auch nur sehr wenige wirklich geeignet, je nach Mineralgehalt können sie auch zu Geschmacksveränderungen führen).

UND DAZU?

Wie und mit welchen Beigaben man seinen Tee genießt, ist Geschmackssache. Am besten schmeckt Tee aber pur – schwarzer Tee eventuell leicht gesüßt mit Kandis oder Zucker. Engländer schwören auf einen Schuss Milch (und zwar als erstes in die Tasse), Rum ist die klassische Zutat für Ostfriesentee. Auch Zitronen- oder Orangenschalen von unbehandelten Früchten sind vorstellbar, und Russen knabbern zum Tee gerne kandierte Früchte. Sahne ist auch sehr gut – aber bitte keine Kondensmilch!

Tee wird in fast allen Ländern der Welt getrunken, aber jede Nation bereitet ihn anders zu und serviert ihn auf ganz eigene Art. In Tibet liebt man ihn mit ranziger Yakbutter, Nordafrikaner fügen Minzblätter hinzu, Engländer lieben Tee mit Milch, Ostfriesen mit Sahne und Kandis. Auch die Gefäße – Kannen, Schalen, Tassen oder Gläser – sind von Land zu Land unterschiedlich. In China sind sowohl feine Porzellantassen als auch kräftigere Keramik üblich, Japaner bevorzugen henkellose kleine Becher, in arabischen Ländern wird Tee in hochwandigen, oft bunt verzierten Gläsern serviert, in Europa in eher flachen Tassen aus kostbarem Porzellan. Russen halten ständig einen Samowar (Wasserkocher) für heißes Wasser bereit, damit sie sich zu jeder Tages- und Nachtzeit einen Tee bereiten können.

Tee wird heiß und kalt getrunken und dient als Basis oder Zutat für Punsch, Bowlen und Cocktails – ja mit Tee kann man auch kochen und sogar räuchern! Außerdem ist Tee, vor allem der grüne, die beste Begleitung zu pikanten und scharfen Speisen, und gerade die vielfältige und oft stark gewürzte asiatische Küche verlangt nach einem sanften Ausgleich, den nur eine Schale Tee bieten kann.

DIE GESCHICHTE DER TEEKANNE

Wenn man bedenkt, wie lange auf der Welt schon Tee getrunken wird, so ist die Erfindung der Teekanne verhältnismäßig neu. Wasser kochte man in großen Kesseln auf, brach ein Stück Teekuchen ab, löste ihn in dem heißen Wasser auf und verteilte diesen Sud auf weite Tassen. Nachdem bald darauf Teepulver in Mode kam, kam man auf die Idee, dieses in einer tiefen Schale mit heißem Wasser und einer Art Schneebesen zu verquirlen. Nachdem das Pulver zum Boden der Schale gesunken war, konnte man den Tee aus derselben Schale trinken. Im 13. Jahrhundert setzte sich dann die Infusion mit Teeblättern durch, und nun wurden Teekannen populär, in denen der Tee ziehen konnte. In China gibt es schon seit Tausenden von Jahren teekannenähnliche Gefäße, aber sie wurden für Wein und Wasser benutzt. Sie besaßen Ausguss und Handgriff und dienten alsbald auch zum Zubereiten des Tees. Die berühmtesten Teekessel dieser Zeit waren die aus der Region Yixing, sie bestanden aus so genanntem »Purpur-Ton«, also aus einem ganz besonders hochwertigen, rotbraunen Lehm mit feiner Textur.

Sie dienten sowohl als Teekanne als auch als Trinkgefäß – und das tun sie heute noch. Ihre Hochzeit hatten die feinen Gefäße von der Sung- bis zur Ming-Dynastie, also von 960 bis ca. 1.600. Der dafür benötigte feine Ton ist weltweit einzigartig und kommt nur in der Provinz Jiangsu vor. Dieser Ton wird »Zisha« oder »Purpur-Ton« genannt und war Handelsgut der Kaufleute aus der Ming-Zeit. Die Nachfrage aus China und auch aus Europa stachelte die hohe Kunst der Yixing-Handwerker, die chinesische Kalligraphie, Literatur und Kunst auf den bauchigen Gefäßen verewigten. Yixing-Kannen waren hochbegehrte Luxusgüter und Prestigeobjekt der Adligen und Reichen.

In China wurden Teekannen aus allen möglichen Materialien gefertigt: Kristall, Achat, Jade, Lack, Bambus und Porzellan – Yixing-Teekannen haben sich als die populärsten erwiesen – sie halten einfach ewig. Jede einzelne Kanne ist ein handgefertigtes Unikat, dessen poröser, unglasierter Ton im Laufe der Zeit das Aroma des Tees in sich aufnimmt. Man sagt sogar, dass man nach etlichen Jahren des Gebrauchs einfach nur heißes Wasser in die Kanne zu füllen braucht, um Tee aufzubrühen …

Glanz und Farbe des widerstandsfähigen Tons nehmen mit der Zeit zu, außerdem hält er auch hohen Temperaturen stand und gibt sie nur schlecht ab: Der Henkel bleibt kalt, auch wenn der Tee kochend heiß ist. Wer eine Yixing-Kanne besitzt, sollte einige Regeln befolgen, um lange Freude an dem guten Stück zu haben:

1. Bedecken Sie Kanne und Deckel vollständig mit Wasser, am besten in einem großen Kochtopf.
2. Fügen Sie einige Teeblätter (z. B. Ihres bevorzugten Tees) hinzu und bringen Sie das Ganze zum Kochen.
3. Lassen Sie alles eine Stunde kochen und dann einen Tag lang stehen.
4. Am nächsten Tag holen Sie Kanne und Deckel aus dem Wasser, lassen alles abtropfen und spülen mit klarem Wasser nach – dadurch verliert sich das erdige Aroma, eventuelle Tonreste sind abgelöst.
5. Lassen Sie die Kanne an der Luft trocknen.

Nach jedem Gebrauch werden die gebrühten Teeblätter weggeworfen, die Kanne mit heißem Wasser ausgespült und von außen getrocknet. Benutzen Sie auf keinen Fall Spülmittel, Seife oder andere Waschmittel – auch die Spülmaschine ist tabu!

TEEZUBEHÖR

Ein weites Feld! Ob in den Spezial-Abteilungen der Kaufhäuser, in speziellen Teegeschäften oder in Alternativ- und Dritte-Welt-Läden: Das Angebot an Zubehör zur Teezubereitung ist gewaltig und in den meisten Fällen reine Geschmackssache. Das fängt beim Teegeschirr an. Ob Sie nun Teegeschirr aus Ton oder Keramik, Porzellan, Glas oder Silber bevorzugen, ist eine Frage des persönlichen Stils und vielleicht noch des Geldbeutels. Die verschiedenen Teesorten schmecken natürlich am besten aus den jeweils landestypischen Kannen, Tassen oder Gläsern. Nachdem man normalerweise aber nicht zig verschiedene Teegeschirre sein Eigen nennt, reicht es, wenn man für seinen Lieblingstee das passende Zubehör im Schrank hat. Das sieht für chinesischen Grüntee anders aus als für englischen Five o'Clock Tea, eine japanische Teezeremonie verlangt andere Kannen und Schälchen als eine gemütliche Teestunde in Ostfriesland.

Zur vollen Geschmacksentfaltung brauchen die Teeblätter viel Raum. Deswegen ist das gute alte Teeei vollkommen in Verruf geraten, es sei denn, man verwendet sehr große, die es mittlerweile auch im Handel gibt. Wer also die Teeblätter nicht »lose« in der Kanne aufbrühen und den Tee dann durch ein Sieb in eine andere, vorgewärmte Kanne abgießen will, hat mehrere Möglichkeiten: Es gibt Teefilter aus Papier und wiederverwendbare Teenetze aus Baumwolle. Teedauerfilter bestehen aus mikrofeinem Edelstahlgewebe und werden nach Gebrauch nur unter fließendem Wasser gereinigt. Sanduhren, Maßlöffel und Spezial-Thermometer sorgen dafür, dass der Aufguss immer gelingt.

So wie es für jeden Wein ein Glas gibt, das seinen spezifischen Geruch und Geschmack optimal zur Geltung bringt, so gibt es auch für jede Teesorte eine Schale, eine Tasse oder ein Glas, wie geschaffen für den aromatischen Inhalt.

TEE UND PORZELLAN

*Zwei, die zusammengehören! Stammen Tee und Porzellan doch beide aus China, von wo aus
sie ihren voneinander unabhängigen Siegeszug antraten. Die bessere Gesellschaft, und allen
voran natürlich der Adel, pflegte ihren Tee aus feinen Porzellantassen zu trinken. Dies war
in China schon lange üblich, allerdings hatten die dort genutzten Tassen keinen Henkel. Den
feinen Leuten in Europa mundete der Tee aber besser aus Henkeltassen, und so fügten die
Chinesen diesen ihren Tassen hinzu und hatten damit großen Erfolg im Export. Heute ist die
Auswahl an Teekannen und -tassen so groß, dass die Wahl schwer fällt. Preislich ist alles vor-
handen: von geradezu billig bis so gut wie unbezahlbar. Design und Preis sind von Geschmack
und Geldbeutel abhängig, nur möglichst dünnwandig sollten die Tassen sein, damit sich das
Teearoma voll entfalten kann.*

之推謂之治
也必使之有餘
兩脩身也必使
有餘行以複

其餘寧有涯

令餘以物之飴

逐所以剝造化

六朴此使之倓

之意也經畫物之
者其功門亦可
天地參矣

DAS TEEMUSEUM IN HONGKONG

Das Kolonialstil-Gebäude war bis 1978 unter dem Namen Flagstaff House, oder auch Headquarter House, Büro und Residenz des Gouverneurs der britischen Truppen in Hongkong. Es entstand zwischen 1844 und 1846 und wurde mehrmals renoviert und umgebaut. Ab April 1981 gelangte es in die Hand der Hongkonger Stadtverwaltung mit dem Ziel, ein Museum für chinesische Teekultur zu schaffen. Dafür waren umfangreiche Maßnahmen erforderlich: Das Gebäude sollte sowohl innen als auch außen exakt das Aussehen eines repräsentativen Hauses des 19. Jahrhunderts haben. Außerdem mussten alle Auflagen für den Publikumsverkehr erfüllt werden, und, was besonders wichtig war, es sollte moderner Museumsdidaktik den optimalen Raum bieten. Heute präsentiert sich dieses Juwel als eine westlich geprägte Architektur, wie sie im 19. Jahrhundert in Hongkong populär war. Heute sind hier mitten in einem idyllischen Park im quirligen Central Hongkong, nicht weit von der Bank of China, auf zwei Stockwerken die kostbarsten Utensilien, Gemälde, Zeichnungen und Stiche zur Teezubereitung vom 11. Jahrhundert v. Chr. bis ins 21. Jahrhundert hinein zu besichtigen. Die ständigen Ausstellungen werden von wechselnden aktuellen Zeugnissen zur Teekunst begleitet. Tee- und Porzellan- bzw. Keramikfreunde werden ihre helle Freude an den zum großen Teil einzigartigen Objekten haben und können die Kunst des Teezubereitens und -trinkens von Beginn bis heute verfolgen. Außerdem besteht die Möglichkeit, einer chinesischen Teezeremonie beizuwohnen.

TEE ALS PASSION

TEEGENUSS IN CHINA

Zunächst entwickelte sich das Heißgetränk in der Tang-Dynastie (618–907 n. Chr.) wie schon erwähnt zum Kultobjekt. Das Wasser wurde in flachen Tongefäßen gekocht, der Tee selbst aus Holzschalen getrunken, und zwar entweder Blatt-tee, Teepulver oder Teeziegel. Von den Teeziegeln brach man zunächst ein Stück ab, zerbröselte es und goss es dann auf. Im Laufe der Zeit wurde Tee in China ein alltägliches Nahrungsmittel. Es gehörte sich als Gastgeber, dem Gast eine Tasse Tee anzubieten. Später wurde diese Sitte auch in Geschäften, in Restaurants und Hotels populär. Dann entwickelten sich Teehäuser, die den ganzen Tag Tee ausschenkten, zusammen mit kleinen Häppchen, den so genannten »Dim Sums«. Ambulante Händler zogen mit großen, wattierten Körben durch die Straßen, die die Teekannen warm hielten.

DIE GONGFU-METHODE (AUCH KUNG-FU)

Diese Art der Teezubereitung kam in China um das Jahr 1.500 während der Ming-Zeit in Mode. Man verwendet dafür mehr Teeblätter und lässt ihn kürzer ziehen, wodurch die Teeblätter ergiebiger werden. Besonders gut geeignet ist diese Methode für Oolong und schwarzen Tee, weniger für grünen oder parfümierten Tee. Am besten gelingt die Gongfu-Methode in einer »Yixing«-Teekanne, deren poröser Ton das Aroma der Teeblätter am vollkommensten abgibt. Der Teemeister braucht zwei Teekannen: eine zum Ziehen und eine, in die er den fertigen Sud abgießt und serviert. Der Gast hat ebenfalls zwei Tassen: eine Aromatasse und eine Trinktasse.

Der Teemeister gießt aus der Servierkanne dem Gast Tee in die größere Aromatasse, wo er ein paar Minuten bleibt und dann in die kleinere Serviertasse umgefüllt wird. Beim Trinken hält man sich immer wieder die Aromatasse unter die Nase, um den feinen Teeduft zu genießen.

DIE JAPANISCHE TEEZEREMONIE

Chanoyu (wörtlich: Wasser für Tee), also die »Teekunst«, darf man auf keinen Fall mit dem fernöstlichen Pendant eines deutschen »Kaffeeklatsches« vergleichen, obwohl sich auch dazu gleich gesinnte Zeitgenossen beim Verzehren eines Genussmittels angeregt unterhalten. Die japanische Teezeremonie (ähnlich wie die chinesische) ist ein Gesamtkunstwerk – hier geht es um Ästhetik schlechthin. Architektur spielt eine wichtige Rolle, ebenso wie Malerei, Keramik und Gartenkunst. Ziel des chado, des »Teeweges«, sind innere Harmonie und Selbstfindung im Kosmos. Wer dieses traditionelle Ritual genießen will, muss auch viel Zeit mitbringen.

Auf vielen farbigen Holzschnitten wird die Kunst der Teezubereitung dargestellt, da reicht z. B. eine Geisha im eleganten Kimono und mit kunstvoll drapiertem Haarknoten dem Gast eine edle Teeschale auf einem Lacktablett – so war es schon vor über 1.000 Jahren und so ist es heute noch. Ein speziell für diesen Zweck angelegtes Teehaus oder das in einen japanischen Garten gebettete, mit Reisstrohmatten ausgelegte Teezimmer bildet den Rahmen.

»Es gibt kein Geheimnis. Tee ist nichts anderes als dies: Zuerst machst
Du das Wasser kochend, dann bereitest Du den Tee und trinkst.
Das ist alles, was Du wissen musst.« – Darauf entgegnete ein
oberflächlicher Frager: »Das ist alles? Das weiß ich schon längst.«
Der Meister erwiderte: »Wenn es wirklich jemanden gibt, der das schon
alles weiß, dann will ich gern sein Schüler werden.«

Japanischer Teemeister Sen-no-Rikyu (1518–1592)

Eine japanische Teezeremonie ist ein kunstvolles Ereignis und unterliegt ganz bestimmten Handlungen. Der Tee dafür wird »matcha« genannt und besteht ausschließlich aus Gyokuro-Blättchen, die zu Pulver verarbeitet werden.

Die japanische Teezeremonie kann mehrere Stunden dauern und erfordert von den Beteiligten eine gewisse »Fitness«, schließlich hockt man die ganze Zeit auf Knien oder im Schneidersitz. Auch gibt es außer süßem Gebäck keinerlei andere Gaumenfreuden in Form von Snacks oder Häppchen, wie es z. B. beim englischen »High Tea« der Fall ist. Im Mittelpunkt steht die Teekunst – das Chanoyu, das den Teetrinker mit Hilfe des Zeremonienmeisters auf den Teeweg, den chado führt und ihn damit zum Teemenschen – chajin – macht. Höch-

stens fünf chajin nehmen an einer Teezeremonie teil, zu deren Beginn der Teemeister alle Utensilien symbolisch mit einem Seidentuch reinigt. Diese Utensilien – ein gusseiserner Wasserkessel nebst verschiedenen Besen und Löffeln aus Bambus – stehen auf einem edlen Lacktablett bereit. Das Wasser wird im Teekessel auf einer im Fußboden eingelassenen Feuerstelle erhitzt und auf das grüne Teepulver, auch »Jadeschaum« genannt, in der Schale gegossen. Dann schlägt der Teemeister das Gemisch mit dem Teebesen, bis es schäumt. Er reicht dem ersten Gast, der oft der Ehrengast ist, die Schale, der sie dankend annimmt und nach ein oder zwei Schlückchen des bitteren, leicht dickflüssigen Gebräus die Teeschale mit Komplimenten an den nächsten Gast weiterreicht, nachdem er den Rand mit einem Tuch gesäubert hat. Nun wandert die Teeschale von Gast zu Gast, es wird in kleinen Schlückchen der Tee getrunken und dabei geistreich geplaudert. Für diese

klugen Gespräche war früher die eigens dafür ausgebildete Geisha zuständig, die sich in künstlerischen und ästhetischen Fragen bestens auskannte und die Teilnehmer an einer Teezeremonie auf diese Weise glänzend unterhielt. Die Zeremonie endet mit einer weiteren Schale Tee, tiefen gegenseitigen Verbeugungen, Danksagungen und Schmeicheleien.

Vor einer besonders feierlichen Teezeremonie wie z. B. beim Neujahrsfest wird das so genannte Kaiseki-Mahl serviert. Diese Küche konzentriert sich auf das Wesentliche und bietet nur natürlich gewachsene Kräuter und Gemüse und verfälscht auf keinen Fall den Eigengeschmack der Speisen. Ganz einfache Dinge wie Wurzeln, Pilze oder Sprossen kommen in vollendeter Perfektion auf den Tisch; was wie zufällig aussieht, ist in Wirklichkeit zu höchster Vollkommenheit arrangierte Kochkunst.

KOREANISCHE TEEKULTUR

Fast gleichzeitig mit Japan hielt der Tee Einzug in Korea und war hier so eng mit dem Buddhismus verbunden, dass die Teekultur zusammen mit dem Buddhismus verschwand, als sich Korea dem Konfuzianismus zuwandte, die Buddhisten verfolgte und das Teetrinken untersagte. Seit kurzem erfährt der Teegenuss wieder eine Renaissance, ausgehend von Hyo Dang, der sich am koreanischen Freiheitskampf gegen die Japaner beteiligte, nach 1945 eine Universität gründete und ein Buch über Tee schrieb. Im Jahr 1983 gründete seine Schülerin Chae Won-Hwa das »Panyaro-Tee-Institut« – nach dem koreanischen Wort »Panyaro« = Tau der erhellenden Weisheit. Sie gilt heute als die wegweisende Teemeisterin Koreas.

INDISCHER TEEGENUSS

Indien kennt keine Zeremonien wie Japan oder China – man trank hier seit alters her mehr Milch, Wasser und Fruchtsäfte. Während in China schon immer Tee zum täglichen Leben gehörte und sich daraus im Laufe der Zeit ein Exportgeschäft entwickelte, war es in Indien genau umgekehrt: Tee wurde zunächst nur zum Export produziert und erst nach und nach kam es zu einer Nachfrage im eigenen Land. Heute gelten die Inder als größte Teekonsumenten der Welt, allerdings trinken sie den Tee nicht wie wir »klassisch«, sondern kochen ihn mit Milch zusammen oder fügen allerlei exotische Gewürze hinzu. Für Europäer zumindest gewöhnungsbedürftig ist die Art und Weise des Teetrinkens in der Himalaja-Region. Reisende bekommen von den Hirten oft gesalzenen Tee mit Ziegenmilch angeboten, in Tibet mit geronnener Yakbutter.

Eine ganz eigene indische Teekultur findet im »masala chai«, also im »Gewürztee«, ihren Ausdruck, dessen Gewürze, wie Kardamom, Ingwer, Pfeffer und Zimt, aus der ayurvedischen Gesundheitslehre kommen. Sie beeinflussen den Körper ganzheitlich positiv und dürfen heute weltweit in keinem Spa fehlen.

TEEGENUSS IN ENGLAND
Vom Early Morning Tea bis zum High Tea

Zwar stiegen die Engländer schon Mitte des 17. Jahrhunderts in den Teehandel ein, es dauerte aber noch gut 100 Jahre, bis sich Tee zum populären Getränk für jedermann entwickelte – bis dahin war er sehr teuer und der feinen Gesellschaft und dem Adel vorbehalten. Tee war Ausdruck des guten Geschmacks und einer vornehmen Gesinnung, die man schon frühmorgens noch im Bett zeigte, sofern man dem Adel oder dem reichen Bürgertum angehörte: Gleich nach dem Aufwachen servierte der Butler den »early morning tea« für einen schwungvollen Start in den Tag. Da man um die Mitte des

19. Jahrhunderts in England nach dem »early morning tea« oft gewaltige Frühstücksportionen zu sich nahm und dann den ganzen Tag, abgesehen vielleicht von einem leichten Lunch, bis zum Dinner nichts mehr aß, »erfand« Lady Anna, Ehefrau des 7. Duke of Bedford, 1840 den berühmten »afternoon tea« – bis heute Inbegriff englischer Teetradition. Sie ließ ihren Gästen um 17 Uhr Tee servieren und reichte dazu verschiedene Schnittchen sowie salziges und süßes Gebäck.

Heute ist der Five o'Clock Tea eine feste Zeit für Teegenießer, nicht nur Tradition, sondern ein Zeichen von Lebensart. Die besonders ausgedehnte Teestunde wird auch als »High Tea« bezeichnet, mit süßen und pikanten Happen, manchmal auch mit warmen Speisen – ein Dinner danach erübrigt sich meistens. Ein Ereignis ist die Tea-Time in den Lobbys der großen Hotels in London, z.B. im Savoy, oder im legendären Peninsula in Hongkong. Hier fühlt sich der Gast wie in einem Schloss, die Einrichtung mit viel Marmor, Gold, Ledersesseln und schweren Teppichen erinnert an eine Schlosshalle, die Kellner sind livriert, das Teegeschirr aus feinstem Porzellan oder Silber – das Ambiente ist einfach großartig!

Zum Fünfuhr-Tee liegen eigene Speise- und Getränkekarten bereit, aus denen man sich seinen Lieblingstee und einen passenden Snack aussucht. Immer dazu gehören Sandwiches mit verschiedenen Füllungen, meist Gurke oder Lachs. Süße »musts« sind die »scones«, das sind kleine Mürbteig-Kuchen mit Marmeladenfüllung und dicker saurer Sahne, der »clotted cream«. Der Phantasie des Gastgebers sind bei der Tea-Time keine Grenzen gesetzt: Servieren Sie z.B. süß oder salzig gefüllte Blätterteig-Hörnchen, Sandwiches mit Avocado-Kresse-Creme oder mit geräucherter Forelle und Radieschen. Kleine Hackbällchen sind ebenso gut geeignet wie Cracker, Früchtekuchen oder Schokoladen-Pfefferminztaler. Last but not least: Engländer schwören darauf, immer zuerst Milch in die Tasse zu geben und dann erst den Tee!

TEEKULTUR IN RUSSLAND

Zar Michael Romanow I. war der erste, der in den Genuss von 60 Kisten chinesischen Tees kam, überreicht von einem mongolischen Fürsten im Jahre 1638.

Am Zarenhof erfreute sich Tee natürlich sofort größter Beliebtheit. Aber es dauerte über 200 Jahre, bis sich das Teetrinken im ganzen Zarenreich ausbreitete, zunächst auf Jahrmärkten, dann in kleinen Dörfern und schließlich auch in den Städten. Zu dieser Zeit wurde auch der Samowar erfunden, in dem ständig heißes Wasser brodelte. Ein Samowar ist ein großer Behälter aus Messing, Bronze, Kupfer oder Porzellan, den ein Waffenschmied aus Tula im 18. Jahrhundert zum er-

sten Mal hergestellt haben soll. Bis heute ist die Stadt bekannt dafür. Anderen Quellen zufolge sind sie in Zentralasien entstanden, ähnlich wie der »Mongolische Feuertopf«.

Während das Teetrinken in China und Japan Kultstatus erreichte, hatte man in Russland eher ganz handfeste Beziehungen zu diesem Heißgetränk: Es war kalt, also musste man sich von innen wärmen. In so einem Samowar befand sich ursprünglich eine Heizröhre, in der Holzkohle oder Tannenzapfen verbrannt wurden und so das Wasser ständig heiß hielten. Auf dem Samowar stand die »Zavarka«, ein kleiner Kessel mit Teekonzentrat. Diesen »Sirup« verdünnte man mit heißem Wasser ca. 1:10. Da dieser Extrakt in der Regel sehr starkt ist, versüßt man den Tee mit Zucker oder Marmelade, manchmal kommt auch etwas Zitrone hinzu.

افغانستان
AFGHANISTAN

ویزه

TEE IN AFGHANISTAN

Wie in allen orientalischen Ländern ist Tee auch in Afghanistan allgegenwärtig. Der »choi« ist gewöhnlich ein schwarzer Tee, sehr stark und manchmal aromatisiert mit Kardamom. Zucker kann, muss aber nicht sein. Gastfreundschaft wird groß geschrieben und besonders geehrte Gäste bekommen ihren Tee mit Unmengen Zucker kredenzt. Gewöhnlich wird Tee am Ende eines Mahls serviert, jeder Gast erhält eine eigene Teekanne, Tasse und eine Schüssel für die Blätter bzw. den Bodensatz.

Tee mit Milch kommt eher bei formellen Anlässen zum Einsatz, wenn grüner Tee verwendet wird.

TEE IN PERSIEN

Samowar ähnliche Teekocher und das Teetrinken gehören zum persischen Alltag. Man trinkt Tee aus schmalen Gläsern mit viel Zucker. Auf persische Art hält man ein Stück Würfelzucker zwischen den Zähnen fest und saugt den Tee hindurch. Der Würfelzucker kann auch durch weiße Toffee ersetzt werden.

langsam die »Teesalons« in Mode, man lud wie z. B. bei Johann Wolfgang von Goethe zum »Großen Tee«, es wurde geplaudert, gelacht und dabei Tee getrunken. Auch die Mutter des Philosophen Schopenhauer veranstaltete solche Zusammenkünfte, bei denen sich die kulturelle Elite bei Musik und Gesprächen traf. In den dreißiger Jahren des 20. Jahrhunderts kamen dann die »Tanztees« auf, bei denen man zwischen Tee und Häppchen auch das Tanzbein schwingen konnte.

OSTFRIESLAND – MEKKA DER TEETRINKER

Nach Deutschland kam der Tee über Holland und war lange Zeit eher als Heilkraut in Apotheken erhältlich. Und daher kommt wahrscheinlich die Redensart: »Abwarten und Tee trinken«, also mit einer Tasse Tee auf die Linderung aller Beschwerden warten – oder auch: sich vom Tee in eine angeregte Stimmung versetzen zu lassen, eine schöpferische Pause einzulegen und in Ruhe auf die Lösung eines Problems zu warten. Ende des 18. und Anfang des 19. Jahrhunderts kamen

Besonders beliebt war Tee früher in den nördlichen Regionen um Hamburg und Bremen und in Ostfriesland, wo nach wie vor am meisten Tee getrunken wird. Das war jedoch nicht immer so – nach einer Intrige, ausgeheckt vom »Alten Fritz« und einer, wir würden heute sagen »Lobby« der Bierbrauer, untersagte der Monarch das beliebte wohlschmeckende Getränk, das er »Drachengift aus China« nannte. Am 20. Mai 1777 sprach Friedrich der Große ein generelles Teeverbot aus, was sich die Ostfriesen allerdings überhaupt nicht gefallen lassen wollten. Vertreter der Städte verbündeten sich mit

dem Adel und den Bauern und gingen gegen diese Schikane vor. Es dauerte zwei Jahre, bis das Verbot aufgehoben wurde, wohl auch deshalb, weil sich im Laufe der Zeit die Gewohnheit des Teetrinkens schon zu tief in der ostfriesischen Kultur eingewurzelt hatte. Heute gehören die Ostfriesen mit 2,5 kg Pro-Kopf-Verbrauch zu den stärksten Teetrinkern der Welt.

Hier im hohen Norden hat sich auch ein bestimmtes Ritual entwickelt, das es im übrigen Deutschland nicht gibt. Viermal am Tag Tee trinken, das ist das Mindeste: »Teetieden« (Teezeiten) sind frühmorgens, dann kurz vor Mittag um 11 Uhr, am Nachmittag gegen 15 Uhr und abends um 20 Uhr.

Es kommt immer nur eine Teekanne in Frage, der »Teepott«, der nur mit heißem Wasser ausgespült wird. Die klassische Ostfriesenmischung ist immer ein kräftiger Assam, der mit frischem, sprudelnd kochendem Wasser zunächst drei Finger hoch aufgebrüht wird und drei Minuten zieht. Dann wird die Kanne mit dem restlichen Wasser aufgefüllt. Das Ganze wird dann in eine zweite, ebenfalls vorgewärmte Kanne umgefüllt, damit der Aufguss nicht zu bitter gerät. Nun kommt erst ein »Kluntje«, das ist ein Stück weißer oder brauner Kandiszucker, in die leere Tasse, die dann zu drei Viertel mit Tee und zu einem Viertel mit Sahne – dem »Wulkje« (Wölkchen) gefüllt wird, und zwar wieder auf eine ganz bestimmte Art und Weise: Der Ostfriese lässt den Rahm kreisförmig am Tassenrand in den Tee gleiten und rührt niemals um! Ein echter Ostfriese genießt den Tee erst durch die kühle Sahneschicht, dann die herbe Ostfriesenmischung und zum Schluss den süßen Bodensatz. Die Alternative im hanseatischen Küstengebiet: Tee mit Rum, das wärmt.

153

»Sie saßen und tranken am Teetisch.
Und sprachen von Liebe viel;
die Herren, die waren ästhetisch,
die Damen von zartem Gefühl.«

Heinrich Heine (1797 – 1856)

ICE TEA IN DEN USA

Ganz anders als der Rest der Welt trinken die Amerikaner ihren Tee: eiskalt, das Glas bis obenhin mit Eiswürfeln gefüllt. Wahrscheinlich kommt der Brauch aus den schwül-heißen Südstaaten der USA, wo er als erfrischendes Getränk beliebt war und ist. Auf der Weltausstellung in St. Louis 1904 wurde der damals noch als Punsch heiß getrunkene Tee ein großer Erfolg und verbreitete sich über alle Staaten Nordamerikas. Eine Besonderheit ist der in den 1980er Jahren entstandene »Bubble Tea«, Früchtetee mit kleinen, durchsichtigen oder bunten, süß schmeckenden Sago-Perlen. Angeblich ist dieser »Tee« in Taiwan entstanden und etablierte sich in der Trend-Szene von Singapur über Hongkong bis in die USA.

Tee und Gesundheit

»Tee weckt den guten Geist und die weisen Gedanken. Er erfrischt deinen Körper und beruhigt dein Gemüt, bist du niedergeschlagen, wird Tee dich ermutigen.«

Tsching Nung (2737 – 2697 v. Chr.)

Tee ist sehr gesund! Und zwar ganz gleich, ob grüner oder schwarzer: Tee schützt vor vielen Bakterien und Viren. Die antimikrobielle Wirkung geht in erster Linie auf die im Tee enthaltenen Catechine zurück. Vor allem grüner Tee ist reich an diesen Substanzen (17–30 %), aber auch schwarzer Tee kann eine gehörige Portion Catechine (10 %) vorweisen.

Im Gegensatz zu früheren Annahmen unterstützt Tee ebenso wie andere Getränke die täglich empfohlene Flüssigkeitszufuhr. Dass Teetrinker sogar besonders gut mit Flüssigkeit versorgt sind, zeigte eine Dortmunder Studie.

Einer Studie zufolge könnte Tee eine Rolle bei der Vorbeugung und Behandlung von Demenz und Alzheimer spielen. Grüner und schwarzer Tee hemmt die Aktivität von Enzymen, die bestimmte Botenstoffe im Gehirn abbauen. So kann der Spiegel dieses Botenstoffs (Acetylcholin) erhöht werden. Acetylcholin ist zuständig für die Wahrnehmungs- und Erinnerungsfähigkeit und so vermutet man, dass sich dies bei Demenz und Alzheimer positiv auf kognitive Fähigkeiten auswirkt.

Encephalographische Untersuchungen (EEG) haben ergeben, dass das im Tee enthaltene Theanin, das vermutlich für den typischen Geschmack im Grüntee verantwortlich ist, auch Einfluss auf das zentrale Nervensystem hat und z.B. bei ängstlichen Personen beruhigend wirkt.

Die im Tee enthaltenen Polyphenole des grünen Tees schützen aufgrund ihrer antioxidativen Eigenschaften sogar vor sonnenbedingten Hautschäden. Zusätzlich zu regelmäßigem Eincremen mit hohen Lichtschutzfaktoren und dem Aufenthalt im Schatten ist das Trinken von grünem Tee eine hervorragende Ergänzung. Grüner Tee kann die Haut widerstandsfähiger machen und hat eine gewisse »anti-aging«-Funktion. Weitere Teeinhaltsstoffe halten die Haut gesund: Das Vitamin C kann die Faltenbildung reduzieren und hilft beim Abbau eines Sonnenbrandes.

Tee kann auch vor Krebs im Magen- und Darmbereich schützen, außerdem ist es wahrscheinlich, dass Tee positive Auswirkungen auf den Schutz vor Herz- und Kreislauferkrankungen hat.

Das im Tee enthaltene Fluorid stärkt den Zahnschmelz und festigt die Zähne. Zudem hemmen die Polyphenole des Tees den Abbau von Stärke. Den Plaquebakterien fehlt so ihre Nahrung, aus der sie die zahnschädigenden Säuren produzieren. So ist Tee kariespräventiv wirksam.

Teeflavonoide, die auch zu den Polyphenolen gehören, schützen LDL-Cholesterin vor der Oxidation. Würden die LDL-Partikel oxidieren, käme es zu vermehrter Kalkablagerung in den Gefäßwänden und einem erhöhten Herzinfarktrisiko. In wissenschaftlichen Studien konnte ermittelt werden, dass Teetrinken das Risiko von Arterienverkalkung und Herzinfarkt deutlich verringert und zwar: je höher der Teekonsum, desto seltener Arterienverkalkung. Allerdings gibt es weiteren Forschungsbedarf, da bisherige Studien anfallende Fragen nicht ausreichend klären konnten.

In vielen Studien wurde bisher die Krebsprävention von Tee belegt. Allerdings gilt hier zu berücksichtigen, dass die meisten Studien aus asiatischen Ländern stammen und die unterschiedlichen Ernährungsgewohnheiten ebenfals einen Effekt auf die Entstehung von Krebs haben. Doch hilft der Tee nicht nur Krebs vorzubeugen, es wurde auch nachgewiesen, dass Teeinhaltsstoffe bei der Reparatur von Krebszellen mitwirken und deren Wachstum hemmen.

Nachdem sich die Forschung in Ostasien mehr mit grünem als mit schwarzem Tee beschäftigt, weiß man über die gesundheitsfördernde Wirkung von schwarzem Tee – die es natürlich gibt – zu wenig. In Japan und China wird am liebsten grüner Tee getrunken, dessen Inhaltsstoffe sich günstig auf den Cholesterinspiegel im Blut auswirken, außerdem beugen sie dem Herzinfarkt vor und stärken das Immunsystem.

Mineralstoffe und Spurenelemente sind wichtig für den Aufbau der Knochensubstanz, gut für Herztätigkeit, Muskeln, Nerven und Stoffwechsel. Lange war Tee jedoch im Verruf, zu einem Eisenmangel zu führen. Teetrinker mit einem ausreichenden Eisengehalt brauchen sich jedoch keine Sorgen mehr zu machen und auch Teetrinker mit kritischem Eisenstatus müssen nicht auf ihren Tee verzichten. Lediglich sollten sie darauf achten, erst ein bis zwei Stunden nach den Mahlzeiten Tee zu trinken, dann besteht auch keine Gefahr, dass die Eisenaufnahme behindert wird.

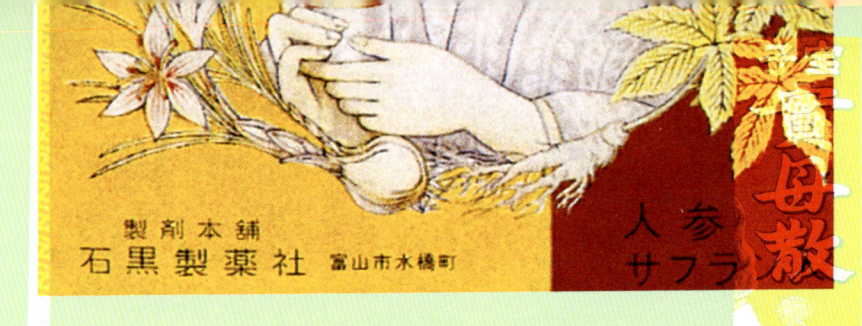

KOFFEIN Der Muntermacher Nr. 1 – in Kaffee, aber auch in Tee enthalten. Das im Tee enthaltene Koffein wurde 1827 entdeckt und zunächst als »Tein« bezeichnet. Aufnahme und Wirkung des Koffeins sind beim Tee anders als beim Kaffee, da er nicht in freier, sondern in gebundener Form vorkommt. Das Koffein im Kaffee wirkt zwar schnell, baut sich aber auch schnell wieder ab, während es im Tee zu einer sanften Anregung führt, die länger anhält und dem Tee eine eher beruhigende Wirkung verleiht, was sich auch positiv auf den Magen-Darm-Trakt auswirkt.

Schwarzer und grüner Tee enthalten in etwa gleich viel Koffein (ausgehend vom trockenen Blatt). Besonders die Länge der Ziehzeit hat Einfluss auf den Koffeingehalt. Da grüner Tee generell nicht mit sprudelnd kochendem Wasser aufgegossen wird, ist der Koffeingehalt entsprechend geringer.

Tee kann man nicht nur trinken, sondern auch äußerlich anwenden, z. B. als Fußbad. Wer an Fußpilz leidet, sollte zumindest den Versuch wagen, es kann sein, dass starke Teeaufgüsse, die über Wochen regelmäßig als Fußbad angewendet werden, wahre Wunder wirken. Verstärken kann man die Wirkung noch, indem man Teeblätter in Socken oder Strümpfe in der Schublade legt.

Auch als Haarspülung eignet sich Tee: Das Haar wird weich und glänzend, außerdem ist Tee frei von chemischen Zusätzen und reizt weder Haar noch Kopfhaut.

Tee ist ein wirksames Mittel gegen Mundgeruch, wenn man gerade zu viel Zwiebeln, Knoblauch oder Alkohol zu sich genommen hat.

Und sogar die gebrühten Teeblätter können sich noch nützlich machen: Sie sind ein guter Dünger für Blühpflanzen, vor allem Rosen. In China werden gebrauchte, getrocknete Teeblätter auch als Kissenfüllung verwendet: Angeblich wacht man nach einer Nacht auf einem solchen Kissen munter und mit einem klaren Kopf auf.

Lexikon
Tee

Für den Laien oft unverständlich sind die Ausdrücke und Abkürzungen, die bei den einzelnen Teesorten aufgeführt werden.

Hier handelt es sich um Produktions- und Aussiebungs- bezeichnungen der verschiedenen Produktionsgebiete sowie um allgemeine Bezeichnungen für Herkunft, Beschaffenheit und Qualität des Tees.

Afrika | In Afrika wird erst sei etwa 100 Jahren Tee angebaut. Das größte Anbauland ist Kenia. Außerdem wird Tee auch in Burundi, Kamerun, Malawi, Mosambik, Ruanda, Südafrika, Tansania, Zaire und Simbabwe angebaut. (-> S. 26, 46, 118–124)

Anbaugebiete | Tee wird in tropischen und subtropischen Regionen mit ausreichend Sonne und Niederschlägen kultiviert, besonders günstig sind höhere Lagen von 1.500 bis 2.000 Metern. Tee-Anbaugebiete gibt es rund um den Äquator und darüber hinaus: Hauptsächlich zwischen dem 43. Grad nördlicher und dem 30. Grad südlicher Breite. (-> S. 26, 30, 70–129)

Aromatisierter Tee | Mit natürlichen oder naturidentischen Aromastoffen versetzter grüner oder schwarzer Tee. Vor mehr als 800 Jahren begann man in China, dem Tee Gewürze zuzufügen, ihn also zu aromatisieren. Nach Europa kam der aromatisierte Tee um ca. 1830 durch den 2. Earl Grey (-> S. 44, 45). Für die Aromatisierung von schwarzen und grünen Teesorten können auch natürliche Bestandteile von Pflanzen sowie Gewürze eingesetzt werden. Eine gelungene Aromatisierung sollte den eigenen Charakter eines Tees nicht erdrücken, sondern harmonisch ergänzen. (-> S. 38, 45, 108)

Assam | Das größte zusammenhängende Teeanbaugebiet der Welt in der gleichnamigen Provinz im Norden Indiens. Assam-Tee ist von dunkler Farbe und kräftig-würzig, oft malzig im Geschmack. Assam verträgt auch hartes Wasser und wird meist mit Milch oder Sahne getrunken, Assam-Tee ist auch die Grundlage der »Ostfriesen-Mischung«. (-> S. 18, 26, 35, 70–79)

Assam-Hybride | Eine Kreuzung zwischen den Urpflanzen »camellia sinensis« und »camellia assamica« (-> S. 54). Die Blätter dieser robusten Tee-Pflanze, die heute die Grundlage für die Züchtung fast aller Teekulturen stellt, sind breiter als die der China- und schmaler als die der Assam-Pflanze.

Assam Tee -> camellia assamica

Ätherische Öle | Natürliche Bestandteile im Tee, die ihm sein besonders Aroma und spezifischen Geruch verleihen. (-> S. 29, 58, 74)

Aufbewahrung | Tee sollte trocken und luftdicht gelagert werden, denn er reagiert sehr sensibel auf Sauerstoff und fremde Gerüche und verliert sein Aroma. (-> S. 130, 170)

Aufgussbeutel | Rund 40 % der deutschen Schwarzteetrinker verwenden Aufgussbeutel – oft die einzige Möglichkeit, auch unterwegs eine Tasse Tee zu bekommen. Wahre Teeliebhaber bevorzugen losen Tee. Dass in den Teebeuteln Tees von minderer Qualität verwendet werden, ist jedoch nicht zutreffend. In den Teebeuteln finden die kleineren Blattgrade Fannings und Dust – meist von Sorten mit kräftigem Geschmack – Verwendung, sie entfalten sich auch im Teebeutel schnell und geben dem Tee eine kräftige Farbe.

Auktionen | Tee-Auktionen finden in den großen Hafenstädten der Erzeugerländer statt, z. B. in Kalkutta, Colombo, Mombasa und Jakarta. Die Top-Qualitäten im Tee-Fachhandel kommen jedoch erst gar nicht auf die Auktionen, sondern werden nach der Bemusterung direkt in den Teegärten bestellt. (-> S. 22)

Autumnals | Name für die Tees aus der Herbstpflückung nach »First« und »Second Flush« in Darjeeling. Diese Tees sind nicht ganz so kräftig wie die der zweiten Pflückung, aber ausgereift, duftig und leicht. (-> S. 34, 77)

Ayurveda-Tee
Tee, der im Rahmen der Ayurvedischen Heilkunst angewandt wird und / oder nach ayurvedischen Gesichtspunkten zusammengesetzt ist. Ayurveda, »Die Wissenschaft des Lebens«, umfasst das gesamte System eines ausgeglichenen Lebens, also die Einheit von Körper, Geist, Seele und Umwelt.

Bakey | Englisches Wort für »gebacken«, es beschreibt Tee, dessen Aroma an den Duft frisch gebackenen Brotes erinnert.

Bancha | Japanischer Alltagstee der »späten Ernte« mit groben Blättern und weniger anregenden Eigenschaften. (-> S. 40, 41, 171, 179)

Bio-Tee | Tee aus biologischem Anbau mit Registriernummer der Öko-Kontrollstelle (-> S. 68, 69, 89)

Black Tea | Schwarzer Tee, also Tee, der voll fermentiert wird und dadurch seine dunkle Farbe erhält.

Blattgrade | Tee wird nach Größe der Teeblätter gesiebt und sortiert. Es gibt vier verschiedene Grobsortierungen: Blatt-Tee, Broken, Fannings und Dust. Farbe, Stärke und Geschmack hängen von den Blattgrößen ab. Die Geschmacksvielfalt der verschiedenen Gradierungen reicht von der zarten Nanciertheit feiner Blatt-Tees bis zur voluminösen Kraft eines Broken oder Fannings. Je größer das Blatt, desto länger dauert es in der Regel, bis die Inhaltsstoffe freigesetzt werden. (-> S. 60, 61, 131)

Blatt-Tee | Gröbste Aussiebung. Tee, der aus ganzen Blättern besteht. Besonders Blatt-Tees aus Darjeeling sind wegen ihres duftigen Aromas begehrt. Beispiele für Blattgradierungen: Flowery Orange Pekoe (F.O.P.), Tippy Golden Flowery Orange Pekoe (T.G.F.O.P.), Finest Tippy Golden Flowery Orange Pekoe (F.T.G.F.O.P.). (-> S. 59–62)

Blend | »Mischung« aus verschiedenen Teesorten, die von einem Teeverkoster oder Tea-Taster zusammengestellt wird. Tee wird großteils als Mischung angeboten. Da Tee je nach Anbaugebiet, Klima und Verarbeitung verschieden ausfällt, können Mischungen gleich bleibende Qualitäten garantieren. (-> S. 49)

Blütentees | Blütentees sind entweder Infusionen aus Pflanzenblüten, oder werden grünem, schwarzem oder Oolong-Tee beigemischt.

• **Orchideentee** Getrocknete Orchideenblüten werden mit Oolong-Tee gemischt.
besticht durch die helle Farbe und ein fein-duftiges Aroma

• **Litschitee**
klassische chinesische Teemischung, aromatisiert durch Litschi-Schalen

• **Rosenblütentee (auch Rose Pochong Tee)** Aus der Provinz Guangdong. Den Teeblättern werden Rosenblüten zugesetzt.
blumiges Aroma, leichter, heller Aufguss

• **Kamillenblütentee** Ein Allrounder mit aromatischem, blumigen Aroma und Geschmack.
beruhigt und hilft bei Magenproblemen und Schlaflosigkeit

• **Chrysanthemenblütentee** Wirkt beruhigend und stressabbauend, am besten mit Honig oder Kandiszucker, um den Geschmack zu verstärken. Hilft bei leichtem Sonnenstich und kratzendem Hals.
sehr beliebt in China, wo es tausende verschiedene Chrysanthemen gibt

• **Hibiskusblütentee**
tiefrote, grenadinefarbige Infusion mit limonadeartigem Geschmack, manchmal angereichert mit Vitamin C

Body | Tee, der eine »kräftige Tasse« vorweist, d. h. ein starkes Aroma und eine dunkle, rötlicher Farbe. (-> S. 51)

BOP | Abkürzung für Broken Orange Pekoe: Haupt-Broken-Grad in Ceylon, Südindien, Java und China. (-> S. 62, 63)

Boston Tea Party | Im Jahre 1773 protestierte eine Gruppe von Bostoner Mitgliedern einer Freimaurerloge gegen die geplante Erhebung der Teesteuer durch die Engländer. Als Mohikaner verkleidet enterten sie drei soeben eingelaufene englische Teeclipper und warfen die gesamte Ladung über

Bord. Der Streit um die englische Teesteuer, die dazu dienen sollte, die britische Staatskasse nach verlorenem Krieg wieder zu füllen, gilt als Initiator für den folgenden Unabhängigkeitskrieg. (-> S. 24)

BP | Abkürzung für Broken Pekoe: braunschwarzer, schwerer Broken, oft mit Einwurf, teilweise leicht holzig, aus Indonesien, Ceylon und Südindien.

BPS | Abkürzung für Broken Pekoe Souchong: Assam und Darjeeling-Tees mit einem kugelförmigen Blatt oder grobe Gradierung eines CTC-Tees (-> S. 62, 63)

Bread and Butter Tea -> Regentee

Brisk | Ein »lebendiger« Tee mit frischem Geschmack.

Broken | Eigentlich englische, internationale Bezeichnung für »gebrochenen« Tee. Bezeichnet wird damit gerebelter, kleinblättriger Tee. Er ist ergiebig, schnell ziehend und farbintensiv. Abkürzung ist (B). (-> S. 59–63, 75, 94, 131)

Buthan | Auch in dem Land zwischen Tibet und Assam wird Tee angebaut, dieser blieb aber bisher dem internationalen Markt nahezu verschlossen.

Camellia Assamica | Eine der Urpflanzen des Tees (auch Assam-Tee genannt). Sie wurde erst 1823 im heutigen Assam entdeckt. Sie wächst, nicht zurückgeschnitten, zu einem Baum von 15 bis 20 m Höhe. Als Teestrauch braucht sie viel Wärme und ist ein reines Tropengewächs. Sie hat ein breiteres Blatt als die Camellia Sinensis (-> S. 8, 18, 54, 72, 93, 114, 133)

Camellia Sinensis | Eine der beiden Urpflanzen des Tees (auch chinesischer Tee genannt). Diese Pflanze existierte ursprünglich ausschließlich in der chinesischen Flora, wird aber heute in vielen weiteren Anbauländern angepflanzt.

Sie bleibt auch ohne Beschneiden strauchartig und wird höchstens 3–4 m hoch und eignet sich besonders für gemäßigte Zonen. (-> S. 8, 18, 19, 26, 54, 72)

Ceylon | Nach der politischen Unabhängigkeit 1972 erhielt die Insel ihren heutigen Namen Sri Lanka, aber in Zusammenhang mit ihren Teesorten wird sie noch immer Ceylon genannt. Sri Lanka ist drittgrößter Teeproduzent. Von der Insel kommen Sorten mit frisch-herbem Geschmack, leichtem Lemontouch, goldfarbig in der Tasse. (-> S. 33, 44, 92–96)

Cha Ching | Die erste chinesische Tee-Bibel des Schriftgelehrten Lu Yu aus dem Jahr 780 n. Chr., in dem erstmals alle Aspekte rund um den Tee beschrieben werden.

Charakter | Herausragende Eigenschaft des Tees beim Probieren.

China | Das zweitgrößte Teeanbauland der Welt und die Wiege des Tees. In 14 chinesischen Provinzen wird Tee angebaut, Schwarztee z. B. in Szechuan, Anhui und Yunnan. Der größte Anteil des chinesischen Tees ist jedoch grüner, halbfermentierter Tee und Oolong-Tee. (-> S. 12, 13, 28–31, 36–39, 42, 66, 106–109, 140)

Chinesische Teepflanze -> Camellia sinensis

Chun Mee | Auch Kunmee geschrieben, grüner Tee, vorrangig aus China mit kleinem, eng gerolltem Blatt. (-> S. 38)

Clean | Ein gut sortierter Tee ohne Holz, Fasern und Staub, nur Blattgut des gleichen Grades, in der Tasse frei von jedem Beigeschmack. (-> S. 51)

CTC | Verkürzte Produktionsmethode: Crushing, Tearing, Curling (übersetzt: Zerbrechen, Zerreißen, Rollen). Ein Herstellungsprozess, bei dem in einem einzigen Arbeitsgang der Tee gründlich zerkleinert wird. Dies ergibt einen hohen

Oxydationsgrad und eine intensive, ergiebige Tasse. Es entstehen vorwiegend kleinere Broken- und Fannings-Gradierungen, die für Tee-Beutel verwendet werden. (-> S. 63)

CTC BOP | CTC Broken Orange Pekoe, Tee aus der verkürzten CTC-Produktionsmethode, in der Wert auf einheitliches Blatt und einen schnell färbenden Aufguss gelegt wird.

Darjeeling | Besonders begehrter Tee aus dem gleichnamigen nordindischen Distrikt an den Südhängen des Himalajas. Er wächst auf 1.000–2.500 m Höhe und gehört zu den besten der Welt. Tees aus Darjeeling sind zart und duftig mit hellem, goldgelbem Aufguss. An der Spitze stehen die »First flush«, Tees aus der 1. Pflückung im Frühling, und »Second flush« von der 2. Pflückung im Sommer. Letztere sind kräftiger in Farbe und Geschmack. (-> S. 19, 26, 34, 61, 62, 76, 77, 80, 84)

Dimbula | Tee-Distrikt im westlichen Hochland Sri Lankas. (-> S. 33, 92–95)

Dooars | Anbaugebiet in Nordindien, zwischen Assam und Darjeeling. (-> S. 79)

Dragon Well -> Lung Ching

Dust | Die kleinste und letzte Aussiebung der Teeblätter, es handelt sich aber trotz des englischen Wortes Dust nicht um »Staub«, sondern um fein zerkleinerte Teeblätter. Der Tee wird schnell kräftig und dunkel, Dust ist für Teebeutel gut geeignet. (-> S. 59–63)

Earl Grey | Schwarzer Tee, je nach individueller Rezeptur aus unterschiedlichen Anbaugebieten, aromatisiert mit Bergamotte-Öl. (-> S. 44, 45)

Early Morning Tea | In England die erste Tasse des Tages, oft noch im Bett getrunken. (-> S. 79, 148, 149)

East India Company | Britische Handelsgesellschaft mit Sitz in London, die von 1600 bis 1833 das Monopol für den Teehandel mit China besaß. (-> S. 9, 24)

Einwurf | Tee aus der weniger feinen Pflückung, in der auffällig viele Blattstiele/-stengel mit verarbeitet wurden.

Englische Mischung / English Breakfast | entspricht der Geschmacksvorliebe der Engländer, meist eine Mischung aus Assam-, Darjeeling- und Ceylon-Tee, die mit Milch und ggfls. Zucker getrunken wird. (-> S. 44)

Even | Bezeichnung für einen Tee mit gleich großen Blättern. (-> S. 51)

F | Abkürzung für Fannings, Finest oder -> flowery.

Fannings | Zweitfeinster Blattgrad, kleine, körnige Partikel des Tees, die aus Blatt- und Broken-Gradierungen gesiebt werden. Meist besonders ergiebig und daher für die Herstellung von Tee-Beuteln geeignet. (-> S. 59–53)

FBOP | Flowery Broken Orange Pekoe: Bezeichnung für gröberen Broken mit einigen Blattspitzen (Tips) aus Assam, Indonesien, China und Bangladesh, in Südamerika grober, schwarzer Broken. In Südindien wird der Pekoe oft FBOP genannt. (-> S. 62, 169)

Fermentation | Oxidation der Teeblätter durch Verbindung der Teeinhaltsstoffe mit Sauerstoff nach dem Rollen, wobei sich der grüne Farbton in kupferrot verändert und die für den Schwarztee typischen Aromastoffe gebildet werden. (-> S. 36, 45, 46, 56–58, 65, 74, 86)

First flush | Bei den Darjeeling-Tees die erste Pflückung im März / April. Der Tee schmeckt leicht, frisch und blumig und ist zartgelb im Aufguss. (-> S. 34, 74–80, 132)

Flavonoide | Pflanzenstoffe, die der Pflanze ihre typische Farbe verleihen und mit denen sie sich selbst vor Krankheitserregern und schädlichen Einflüssen schützt. Ihnen wird eine antioxidative, zellschützende Wirkung zugeschrieben, d.h. sie spielen eine Rolle bei der Prävention von Herz-Kreislauf-Erkrankungen und Stoffwechselstörungen. (-> S.160)

Flavour | Englischer Ausdruck für Aroma, bezeichnet Duft bzw. Geschmack des trockenen Tees und der frisch aufgebrühten Tasse. (-> S.51)

Flowery Tee | aus den jüngsten Blättern des Strauches. Flowery bedeutet »blumig« und beschreibt das Aroma des Tees (-> S.61, 62)

Flugtee | Flugtees sind in erster Linie Darjeeling First-Flush-Tees, die, kaum das sie geerntet und verarbeitet wurden, sofort auf dem Luftweg ins Importland verfrachtet werden. Liebhaber warten jedes Jahr sehnsüchtig auf die erste Lieferung Flugtee, um in den Genuss der besonderen Frische zu kommen. (-> S.34)

Flush | Der komplette junge Trieb am Teestrauch mit Blattknospe und den beiden jüngsten Blättern (two leaves and a bud), Flush steht auch für eine Ernteperiode. -> First flush, Second flush

FOP/FOP 1 | Flowery Orange Pekoe / Flowery Orange Pekoe 1: Einfache Gradierung für Blatt-Tees aus Assam, Dooars und Bangladesh, Top Grade in China mit langem Blatt und Tips.

FP | Abkürzung für Flowery Pekoe; mehrheitlich grober schwarzer Broken-Tee, häufig kugelförmig gerollt.

Formosa | Ehemaliger portugiesischer Name für das heutige -> Taiwan

Früchtetee | Streng genommen eigentlich kein Tee, sondern eine Infusion aus verschiedenen getrockneten Früchten.

FTGFOP 1 | Finest Tippy Golden Flowery Orange Pekoe 1: eine der erlesensten und teuersten Teequalitäten mit hohem Anteil an Blattspitzen und Knospen, hauptsächlich Darjeeling, teilweise auch Assam.

Full | Tee, der kräftig im Geschmack ist, aber nicht bitter. (-> S.51)

Gartentees | Garten- oder Lagentees stammen aus einem einzigen Garten und werden im Vergleich zu -> »blends« nicht mit anderen Sorten vermischt. Dadurch können Geschmack und Qualität von Pflückung zu Pflückung unterschiedlich ausfallen. Garten- und Lagentees gibt es hauptsächlich im Fachhandel, sie werden mit den entsprechenden Herkunftsdetails versehen.

GBOP | Golden Broken Orange Pekoe, Broken-Tee der zweiten Sortierung mit goldenen tips, Blattspitzen, hauptsächlich aus Assam.

Genmaicha | Eine in Japan beliebte Teekreation aus Sencha, geröstetem, teilweise »gepopptem«, Reis mit angenehm weichem Geschmack. (-> S.46)

Gerbstoff -> Tannin

GFBOP | Golden Flowery (Broken) Orange Pekoe: Hauptsächlich in Assam produzierter Top-Tee der Broken-Gradierung. Auch einziger tippy Broken aus Kenia. (-> S.62)

Golden | Ausdruck, der vorwiegend bei Assam- und Darjeeling-Tees benutzt wird, z.B. um die goldenen Blattspitzen der Teeblätter, die während der Verarbeitung entstehen, zu bezeichnen. (-> S.61)

Gyokuro | Gehört zu den feinsten und kostbarsten japanischen Grüntees. Auf unterschiedliche Art und Weise werden die Teesträucher einige Wochen vor der Ernte beschattet. (-> S. 40, 41, 111, 144, 178)

Grade -> Blattgrade

Grüner Tee | Unfermentierter Tee, eigentlich der »ursprüngliche« Tee, wie er in China seit fast 5.000 Jahren bekannt ist. (-> S. 38–42, 45, 65, 111, 115, 132, 133, 159–162)

Gunpowder | »Schießpulver«; ein zu Kügelchen gerollter grüner Tee. (-> S. 38)

Härte -> Wasser

Halbfermentierter Tee -> Oolong-Tee

Haltbarkeit | Mit mindestens bis zu 36 Monaten ist Tee ein Lebensmittel mit langer Haltbarkeit. Dennoch sollte Tee möglichst frisch konsumiert werden, da sich die aromatischen Inhalte im Laufe der Zeit reduzieren, dies gilt besonders für zarte Sorten und auch für aromatisierte Tees. Tee sollte immer trocken, kühl und dunkel aufbewahrt werden und möglichst nicht direkt neben stark duftenden Gewürzen oder anderen aromatischen Lebensmitteln lagern. Zur Aufbewahrung eignen sich gut verschließbare Blechdosen. (-> S. 130, 170)

Highgrown | Bezeichnung u.a. für Tee aus Ceylon, der im Hochland auf über 1.300 Metern wächst (-> Lowgrown und mediumgrown)

High Tea | Die Britische Tradition des Teetrinkens am späten Nachmittag, die aufwändige Ergänzung zum »Five o'Clock Tea«. (-> S. 144, 148, 149)

Houjicha | Dieser Tee wird auch Roasted Bancha genannt. Der »normale« Bancha Tee wird geröstet, wird dadurch rötlichbraun und schmeckt nussig. (-> S. 41)

Hybrid-Teepflanze -> Assam-Hybride

In-between | Erntezeit zwischen First- und Second flush in Darjeeling. Der Tee schmeckt kräftiger als die erste Ernte, leichter als die Zweite. (-> S. 34, 77)

Indien | Weltgrößter Teeproduzent mit einem Anteil von 27 % der Weltproduktion. Die bekanntesten Teeanbaugebiete Darjeeling und Assam liegen im Nordosten Indiens. (-> 18, 19, 34, 35, 66, 70–91, 146)

Infusion | Englisches Wort für Aufguss. Getränke, die gemeinhin »Tee« genannt werden, aber nicht aus dem Blatt der Teepflanze gewonnen werden (Kräuter-, Rooibos-, Blütentees usw.) heißen Infusion. Auch Bezeichnung der aufgebrühten Teeblätter bei der professionellen Teeverkostung.

Japan | Japan produziert ausschließlich grünen Tee wie Sencha, Bancha und Gyokuro. (-> S. 14, 15, 40, 41, 46, 47, 56, 65, 110–113, 142–145)

Jasmintee | Grüner z. T. auch schwarzer, mit frischen Jasminblüten aromatisierter chinesischer Tee. (-> S. 45, 115)

Kaiserliche Pflückung | Anders als bei »Two leaves and a bud« wird bei der Ernte nur die Knospe gepflückt. Im alten China durfte der Tee für den Kaiserhof nur von Jungfrauen geerntet werden.

Kandis | Ein beliebtes Süßungsmittel für Tee, das an sich nicht anders schmeckt als normaler Zucker, sich aber langsamer in der Tasse löst. Weißer Kandis süßt »neutral«, brauner Kandis hat einen gewissen Eigengeschmack, den man als leicht karamellartig und malzig bezeichnen könnte.

Karawanentee | Gute Chinamischungen werden als »Karawanentee« bezeichnet. Auf dem Karawanenwege kamen die ersten Tees aus China nach Russland. (-> S. 27, 44)

Kenia | Einer der größten Teeproduzenten in Afrika, Momentan mit etwa 15 % der Weltproduktion, allerdings fast ausschließlich CTC-Tees, hauptsächlich für den englischen Markt. (-> S. 66, 118, 119)

Koffein | = Teein. Die anregende Komponente der Inhaltsstoffe im Tee wirkt im Vergleich zum Kaffee weniger schnell aber dafür schonender und länger anhaltend. Entscheidend für den Koffeingehalt der Tasse ist immer Dosierung und Zubereitung. (-> S. 162)

Kräutertee | Wie auch der Früchtetee eigentlich kein »Tee«, sondern eine Infusion von Monokräutern oder Kräutermischungen (auch aromatisiert). Je nach Bestimmung schlicht aus Genussaspekten oder zu medizinischen Zwecken getrunken.

Kukicha | Dieser japanische Grüntee besteht nicht nur aus Blättern, sondern enthält auch ganz feine grüne und gelbe Battstängel, die bei der Herstellung von Sencha aussortiert werden. Der Tee ist leicht und frisch mit einer Nuance Süße. Für die Zubereitung geben Sie 1 Liter 70 °C heißes Wasser auf 11 Gramm Tee und lassen Sie ihn 2 Minuten ziehen. In Reformhäusern und Naturkostläden wird auch Kukicha-Zweigtee angeboten, für den die Zweige des Teestrauches verwendet werden. Er erinnert im Geschmack an Lakritz.

Lagentee -> Gartentee

Lapsang Souchong | Ein geräucherter chinesischer schwarzer Tee von rötlicher Tassenfarbe und »knusprigem«, rauchigem Aroma, vorwiegend aus der Provinz Fujian. (-> S. 29)

Lowgrown | Bezeichnung für Tee aus Ceylon, der unterhalb von 650 Metern wächst. (-> Highgrown und mediumgrown)

LTP | Abkürzung für »Lawrie Tea Processor«, eine nach ihrem Erfinder benannte Maschine, in der die Teeblätter mit einem rotierenden Messer fein zu Blattgraden -> Fanning und -> Dust zerschnitten werden.

Lung Ching | Edler, blumiger Grüntee aus China und Formosa (Taiwan). Benannt nach der dem chinesischen Namen für »Drachenbrunnen« (auch Dragon Well). (-> S. 39)

Mao Feng | Chinesischer Grünteeklassiker mit feiner weicher Tasse. (-> S. 39)

Matetee | Auch kein »klassischer« Tee, sondern ein koffeinhaltiger Strauch aus Südamerika (Argentinien, Brasilien, Paraguay), dessen aufgebrühte Blätter leicht rauchig schmecken und anregend wirken. Es gibt sowohl grünen als auch gerösteten Matetee. (-> S. 46, 126)

Matcha | Hochwertiges japanisches Grüntee-Pulver für die klassische Teezeremonie. Das Pulver wird in einer Schale mit heißem Wasser aufgegossen und mit einem Bambusbesen aufgeschäumt (-> S. 41, 111). Es gibt aber auch Sorbets und Parfaits eine schöne grüne Farbe (-> S. 184).

Mediumgrown/Midgrown | Bezeichnung für Tee aus Ceylon, der im Hochland zwischen 650 und 1.300 Metern wächst (->Highgrown und Lowgrown)

Mu Dan | Kunstvoll aus frischen Trieben gebundene Teerose. (-> S. 39)

Natural Leaf | Natürlich belassenes Teeblatt, das weder zerteilt noch gerollt wurde.

Nepal | Teeanbauland am Südhang des Himalajas. Die feinen frischen Sorten lassen die Nähe zu Darjeeling erkennen. (-> S. 26, 35, 56, 100–104)

Nilgiri | Anbaugebiet im Süden Indiens. Der Tee erinnert an die herben, aromatischen Ceylons mit einem feinen Lemon-Aroma zur Trockenzeit und um den Jahreswechsel. (-> S. 19, 35, 79, 86, 91)

Nuwara-Eliya Distrikt | Eines der drei Hauptanbaugebiete Ceylons zwischen Uva im Osten und Dimbula im Westen, in der feine, geschmacklich runde Sorten wachsen. (-> S. 33, 94)

Oolong-Tee | Halbfermentierter Tee aus China und Taiwan, der hinsichtlich Geschmack, Farbe und dem Grad der Fermentation zwischen Schwarz- und Grüntee anzusiedeln ist. (-> S. 36, 37, 108, 116, 141)

OP | Orange Pekoe, Haupt-Blatt-Grade aus Indonesien und Ceylon (Sri Lanka) von guter bis mittlerer Qualität. Z. T. mit langem, drahtigem Blatt.

OP Sup. | Orange Pekoe Superior: »Tippy«, selten gewordener, feiner Blatttee nur aus Indonesien.

Orange | Abkürzung »O«, geht zurück auf das niederländische Königshaus (Oranien), orange/Oranje/königlich werden noch heute entsprechend feine Pflückungen bezeichnet. (-> S. 61)

Orthodoxe Produktionsmethode | Herkömmliche Produktionsmethode mit den einzelnen Arbeitsgängen Welken, Rollen, Fermentieren, Trocknen und Sieben. Hochwertige Blatt-Tees gehen ausschließlich aus dieser Methode hervor. (-> S. 56, 63, 76, 101, 115, 122, 126)

Ostfriesentee | Typische Teemischung, die grundsätzlich auf kräftigen Assam Second Flush-Sorten basiert (-> S. 35, 44, 73)

Oxydation -> Fermentation

Pekoe | Abkürzung »P« oder »Pek«, ursprünglich Bezeichnung für die jungen, zarten Teeblättchenk, heute vielfach Bezeichnung für Qualitäten mit kürzeren und gröberen Blättern als Orange Pekoe (O.P.). (-> S. 61)

Pekoe Souchong | In der Regel kurze Blattstruktur von einfacher bis mittlerer Qualität.

Pflücken | Guter Tee wird auch heute noch aufwendig per Hand geerntet. Vom Teebusch werden dabei nur die Blattspitzen der beiden jüngsten Blätter und die Knospe eines neuen Triebes gepflückt (two leaves and a bud). Die Qualität der Pflückung hat große Auswirkung auf die Qualität des Tees. (-> S. 55, 57, 112)

Pai Mu Tan | Weißer Tee aus China mit einem duftig-blumigen, feinen Aroma. (-> S. 42)

Pi Lo Chun | Grüner Tee aus China und Formosa. (-> S. 39)

Pu Erh-Tee | Blätter vom Qingmao-Teebaum aus Yunnan, wo er schon Während der Tang-Dynastie (618-907 n. Chr.) getrunken wurde. Durch einen besonders langwierigen Fermentationsprozess erhalten die Blätter eine rotbräunliche Farbe. (-> S. 46)

Qualität | Diese wird von Faktoren wie Anbaugebiet, Klima, Boden, Erntezeiten, Pflücksorgfalt, Verarbeitung und Lagerung bestimmt. Es gibt Qualitätsunterschiede zwischen einzelnen Anbauregionen und auch innerhalb eines Gebietes. Generell gilt: je höher die Teegärten liegen, desto besser ist die Qualität, denn die Sträucher wachsen langsamer und können einen feineren Geschmack entwickeln. Tees aus dem Tiefland sind meist kräftig und dunkel, können aber ebenfalls exquisit sein, wie z. B. ein Assam-Tee. (-> S. 56)

Regentee | Tee, der während der Regenzeit geerntet wird und generell weniger hochwertig ist. In den unteren Schichten gab es zum Afternoon Tea früher nur Brot und Butter. Als geringwertig eingestufte Tees wie der Regentee werden von Briten daher als Bread and Butter Tea bezeichnet.

Rollen | Das (maschinelle) Rollen der Teeblätter bewirkt, dass die Teeblätter aufgerissen werden und so mit Sauerstoff in Kontakt kommen – die Vorraussetzung für den Vorgang der -> Fermentation. (-> S. 56–63)

Rooibush-Tee | Auch Rooibos oder Rotbusch genannt, wiederum kein »Tee«, sondern ein Strauch aus Südafrika. (-> S. 46)

Russland | Am Schwarzen und Kaspischen Meer wird seit dem 19. Jahrhundert Tee angebaut. Die einfachen, maschinell gepflückten russischen Qualitäten sind mittelkräftig und von dunkler Tassenfarbe, allerdings fast ausschließlich für den eigenen Markt. Traditionell werden aber auch Tees aus China, Ceylon oder Indien importiert und in typischen Mischungen getrunken, oft mit leicht rauchigem Geschmack und vorzugsweise im Samowar zubereitet. (-> S. 150)

Samowar | Gerät zum Wasserkochen bei der Teezubereitung, üblich in Russland, in der Türkei und im Iran. (-> S. 150)

Schwarzer Tee | besteht aus den fermentierten Blättern des Teestrauchs. Durch die Fermentation färben sich die ursprünglich grünen Blätter rot bis schwarz. Schwarzer Tee zeigt ein kräftigeres Aroma als der unfermentierte Grüntee. (-> 28–34, 56, 58, 109, 132, 159)

Second flush | Tee aus der zweiten Pflückperiode zwischen Mai und Ende Juni in Darjeeling und Assam, zumeist kräftiger / aromatischer als der zartere First Flush. (-> S. 34, 48, 75, 77, 103, 132)

SFTGFOP1 | Special Fine Tippy Golden Flowery Orange Pekoe: Top-Gradierung der Blatt-Teeproduktion. (-> S. 62)

Silver Needles | Weißer Tee -> Yin Zhen

Sortieren | Letzter Arbeitsschritt bei der Teeproduktion. Nach dem Trocknen werden die Tees nach der Größe der Blätter zu Blattgraden gesiebt und sortiert. (-> S. 56–63)

Stylish | Gut verarbeiteter Tee mit drahtigem Blatt. (-> S. 51)

Tannin | Das Tannin ist einer der Gerbstoffe, die zu den Hauptinhaltsstoffen des Tees gehören. Sie verleihen dem Tee seinen kräftigen, leicht bitteren Geschmack und wirken beruhigend auf den Verdauungstrakt.

Taiwan | Taiwan produziert seit 1870 grünen und schwarzen Tee, der unter dem alten Inselnamen »Formosa« gehandelt wird. Von besonderer Qualität sind die -> Oolong-Tees (halbfermentierte Tees) aus Taiwan. (-> S. 36–39, 116)

Tea Taster | Professioneller Tee-Verkoster, der die angebotenen Muster testet und entscheidet, welche Tees in den Handel kommen und wie Mischungen zusammengestellt werden (-> blend). (-> S. 9, 48–53)

Teebeutel | Aufgussbeutel mit Faden und Etikett beinhaltet orthodoxen oder CTC Fannings oder Dust für die schnelle Tasse – es handelt sich jedoch nicht zwingend um mindere Qualität. Ganze Teeblätter der besten Gradierungen allerdings können sich in einem Beutel nicht entfalten. Feinere Aussiebungen sind wesentlich konzentrierter, ergiebiger und können in kurzer Zeit ihr volles Aroma entfalten.

Tein / Thein -> Koffein

Teeschule | Japanische Einrichtungen, in der speziell ausgebildete Teemeister die Kunst der Teezeremonie vermitteln. (-> S.15, 111, 142–145)

Teezeremonie | Kunst der Teezubereitung aus dem Zen-Buddhismus. (-> S.15, 41)

TGBOP | Tippy Golden Broken Orange Pekoe: Feinster Broken-Grad in Darjeeling und Assam, mit vielen Blattspitzen und gleichmäßiger Struktur. (-> S.62)

TGFOP | Tippy Golden Flowery Orange Pekoe: Hauptgrad des Blatt-Tees in Darjeeling und Assam.

Thick | Konzentrierter Tee mit dunkler Färbung.

Tippy/Tip | Englischer Begriff für Bezeichnung der, äußerst erwünschten, goldenen (Assam) oder silbernen (Darjeeling) Blattspitzen junger, zarter Teeblätter im fertig verarbeiteten Tee. (-> S.61, 62)

Trocknen | Wichtiger Arbeitsschritt der Teeherstellung, bei dem die Teeblätter in Heißlufttrocknern je nach Sorte bei 85 °C und mehr getrocknet werden. (-> S.56–63, 92)

Twisted Tee | aus gut und eng gerollten Blättern. (-> S.51)

Two leaves and the bud | »zwei Blätter und die Knospe« – Beim Teepflücken wird zur Gewinnung der guten Qualität nur der junge Trieb am Teestrauch mit Knospe und den beiden jüngsten Blättern gepflückt.

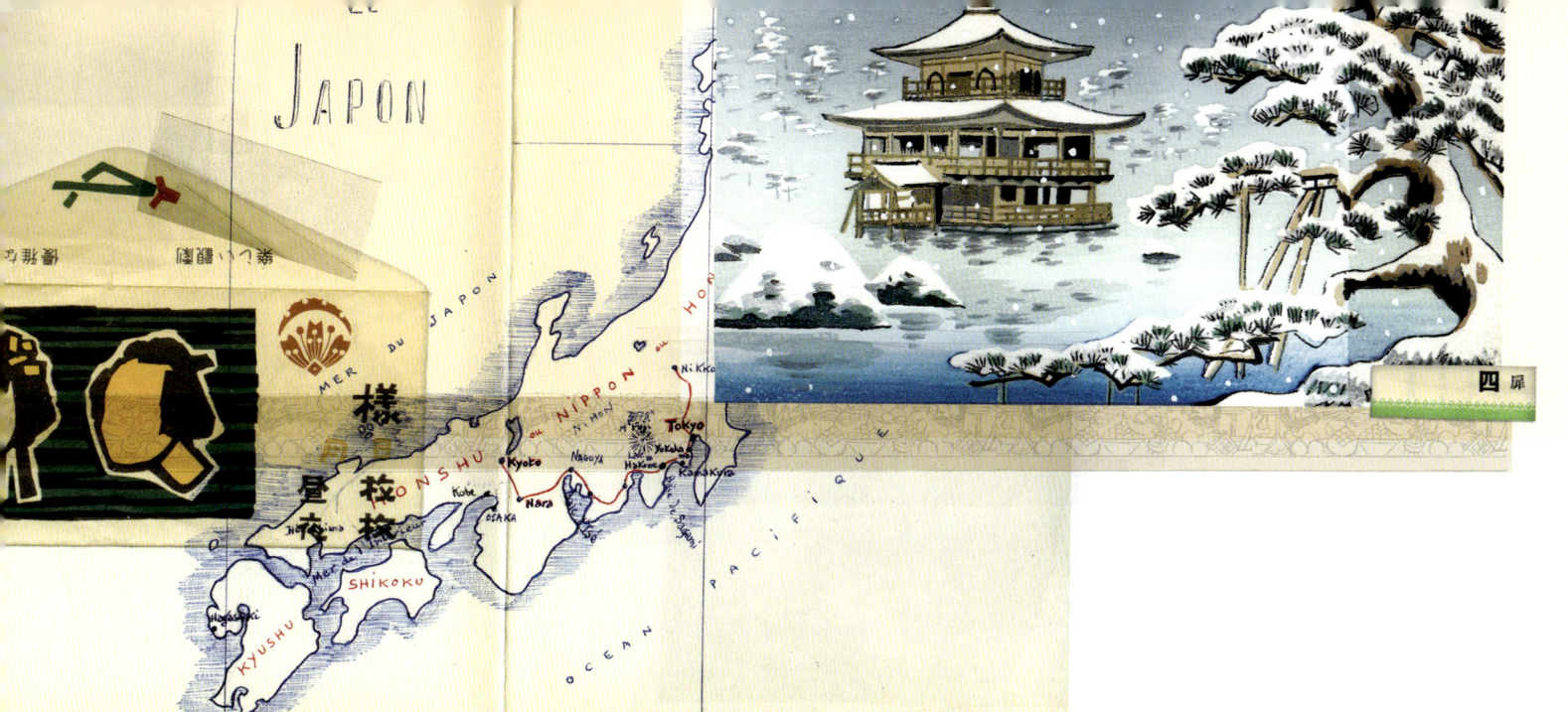

Uva-Distrikt | Östlicher der drei Anbaugebiete in Sri Lanka, der spritzigen Tee mit kraftvoll, vollmundigem Aroma hervorbringt. (-> S. 33, 93, 94)

Wasserhärte | Die Qualität des Wasser wirkt sich auf den Geschmack des Tees aus: je kalkhaltiger das Wasser, desto ungeeigneter ist es. Es helfen Wasserfilter oder, als letzte Möglichkeit, stilles Mineralwasser. (-> S. 133)

Weißer Tee | Ursprünglich aus der Provinz Fujian in Südchina, der seinen Namen dem silbrig-weißen Flaum an den Blattknospen verdankt. Bei den Spitzenqualitäten werden nur die ungeöffneten Knospen gepflückt, luftgetrocknet und kurz erhitzt. Heute kommt Weißer Tee u. a. auch aus Indien. (-> S. 42)

Welken | Erster Produktionsschritt in der Teeverarbeitung nach dem Pflücken. Die Blätter werden ausgebreitet und belüftet. Dadurch verlieren die Blätter ca. 30 % ihrer Feuchtigkeit, nach 8–12 Stunden sind sie weich und geschmeidig und fertig zum Rollen. (-> S. 56–63)

Yin Zhen | Dieser Tee mit Blättchen wie silberne Nadeln (daher auch der Name Silver Needles) gilt als der perfekte Weiße Tee mit samtig weichem, elegantem Geschmack. (-> S. 42)

Yunnan | Ein hocharomatischer Schwarztee mit erdiger Note aus der gleichnamigen chinesischen Provinz. (-> S. 12, 29, 108, 109)

Zen | Lehre der buddhistischen Meditation, gegründet im 7. Jahrhundert n. Chr. in China.

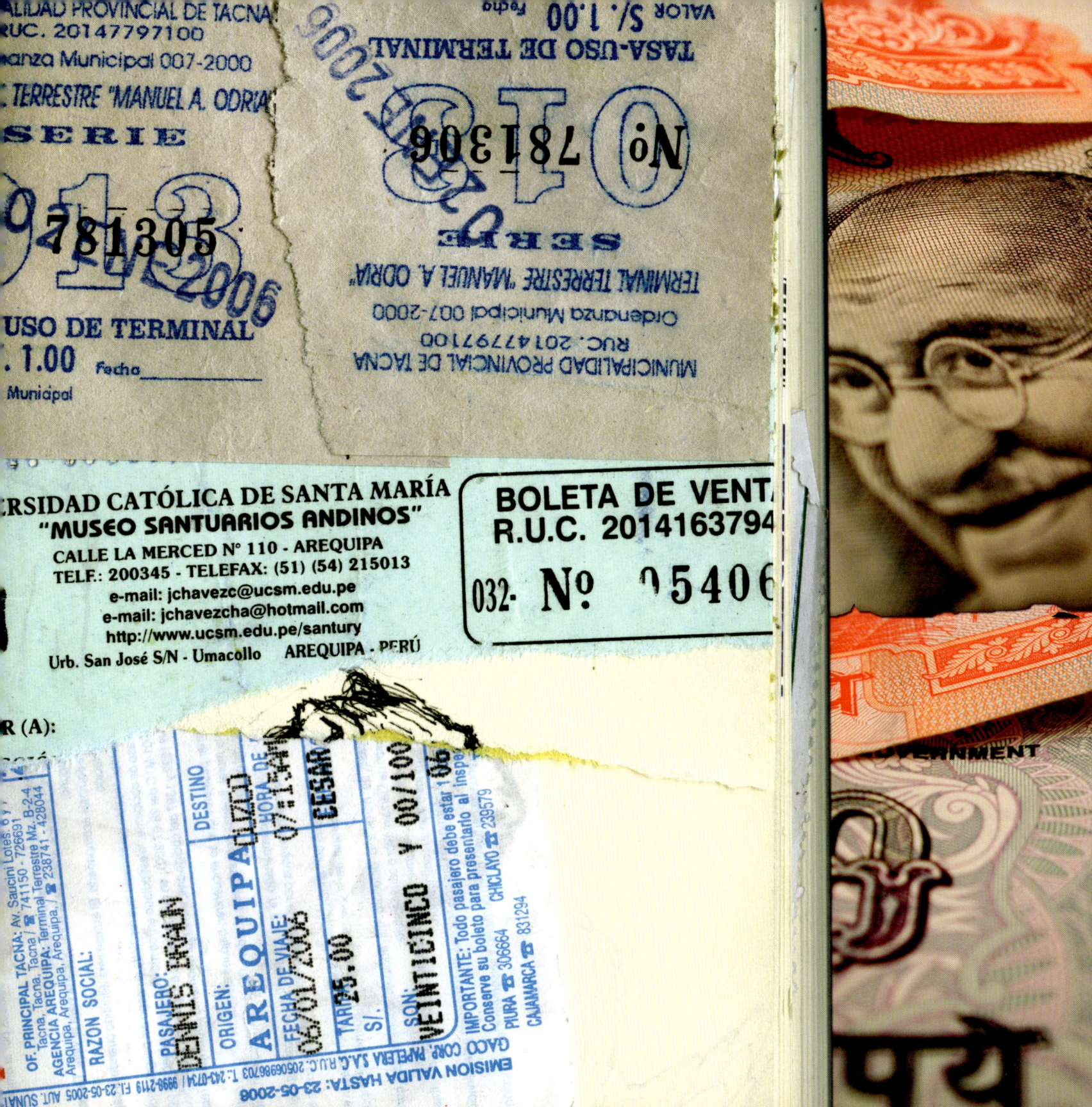

Rezepte
Tee

Seit wann es Teepflanzen gibt, und damit auch das anregende Getränk, verliert sich im Dunkel der Geschichte – dafür ranken sich umso mehr Legenden um die Entstehung des Tees. Sicher ist, dass die ersten wilden Teekulturen in China entstanden, vermutlich in der Provinz Yunnan – anderen Quellen zufolge in Szechuan. Zunächst unter der Bezeichnung »tu« bekannt, änderte sich der Name in China über »ta« und »tay« zu »cha« oder »chay«. Der Tee ist nicht nur eines der ältesten Getränke der Welt, sondern auch eines der meistgetrunkenen. Jahrhunderte brauchte es, um die Kunst der Teeaufbereitung so zu perfektionieren wie wir sie heute kennen.

Rezepte für Teezubereitungen

Gyokuro-Tee
2 Personen

Zwei Teelöffel Gyokuro-Tee in eine kleine Teekanne geben und mit 120 ml Wasser (ca. 65 °C) aufgießen. Eine Minute ziehen lassen. Dann abwechselnd in jede Tasse immer ein Schlückchen eingießen, damit beide Tassen gleich starkes Aroma haben.

Sencha-Tee
2 Personen

Die Zubereitung erfolgt genauso wie beim Gyokuro-Tee, nur sollte das Wasser etwa 80 °C heiß sein.

Bancha-Tee

2 Personen

Ein gut gehäufter Teelöffel Bancha mit kochendem Wasser aufgießen, sofort in die Tassen füllen.

Rezepte mit Tee

新橋演舞場

Chinesische Tee-Soja-Eier
4–6 Personen

4 Eier
2 gehäufte EL Teeblätter (grüner Jasmintee)
2–3 EL Sojasauce
getrocknete Schale einer halben unbehandelten Orange

Die Eier 10 Minuten lang hart kochen, abschrecken und die
Schale rundum leicht eindrücken, sodass Sprünge entstehen.
Die Teeblätter mit ½ l Wasser in einen kleinen Topf geben,
Sojasauce und Orangenschale hinzufügen.
Die Eier in diesen Sud legen, aufkochen und halb zugedeckt
2 ½ Stunden köcheln lassen, dabei die Eier hin und wieder
wenden. Alles auf Zimmertemperatur abkühlen lassen. Vor
dem Servieren eine Stunde kalt stellen, die Eier pellen und
eventuell halbieren.

Hühnersuppe mit Oolong-Tee und Pilzen
4–6 Personen

4–6 getrocknete Tongu-Pilze (Shiitake-Pilze)
1 EL Oolong-Tee
2 Frühlingszwiebeln
2 cm frischer Ingwer
1 l Hühnerbrühe
2 Hühnerschenkel (400 g, ohne Haut)
200 g Daikon (japanischer Rettich),
ersatzweise normaler Rettich
3 EL chinesischer Reiswein oder trockener Sherry
Salz, Pfeffer aus der Mühle
2 EL Sesamöl

Die Pilze in lauwarmem Wasser einweichen, Stiele entfernen, Pilze vierteln. Den Tee mit 200 ml kochendem Wasser aufgießen, 4 Minuten ziehen lassen, durch ein Sieb gießen. Frühlingszwiebeln putzen und in dünne Ringe schneiden, Ingwer schälen und fein hacken. Tee, Hühnerbrühe, Pilze, Frühlingszwiebeln, Ingwer und Hühnerschenkel in einen Topf geben, zum Kochen bringen und etwa 45 Minuten köcheln lassen, bis das Fleisch gar ist. Die Hühnerschenkel aus der Suppe nehmen, das Fleisch von den Knochen lösen und in mundgerechte Stücke schneiden. Den Rettich schälen und in streichholzfeine Stifte schneiden. 5 Minuten vor Ende der Garzeit den Rettich in die Suppe geben.

Die Suppe mit Salz und Pfeffer abschmecken, Reiswein hinzufügen. Die Suppe in Teller oder Tassen füllen und mit Sesamöl beträufeln.

In Teesauce gedämpfte und gegrillte Entenbrust

4–6 Personen

2 Entenbrüste mit Haut (850 g)
etwas Salz, Pfeffer aus der Mühle
Schale und Saft einer unbehandelten Mandarine und ½ Zitrone
1 gehäufter TL Teeblätter (Lapsang Souchong)
1 EL Hoisinsauce
6 Trockenpflaumen ohne Stein
1 TL Maisstärke
ein paar Zweige Koriandergrün zum Garnieren

Die Entenbrüste abwaschen, trockentupfen und von eventuellen Federkielresten befreien. Die Haut mit einem scharfen Messer rautenförmig einschneiden, von beiden Seiten mit wenig Salz und Pfeffer einreiben. 200 ml Wasser mit den anderen Zutaten außer Pflaumen und Stärke verrühren und in einen Wok geben. Einen Dämpfeinsatz daraufgeben (man kann auch ein Bambuskörbchen verwenden), die Entenbrüste mit der Hautseite nach oben darauflegen, den Wok verschließen, zum Kochen bringen und 10 Minuten dämpfen.

Den Ofen auf 220 °C vorheizen. Die Entenbrüste mit der Hautseite nach oben auf einen Bratrost geben, Fettfangschale darunterschieben und die Grillfunktion einschalten (dabei das Fleisch nicht auf die oberste Schiene legen und unbedingt beim Grillen dabeibleiben, damit es nicht verbrennt!). Etwa 10 Minuten knusprig grillen. In der Zwischenzeit die Sauce in ein Töpfchen geben, die Trockenpflaumen hinzufügen und offen ein paar Minuten köcheln lassen, bis die Pflaumen weich sind. Die Maisstärke mit etwas kaltem Wasser verrühren und die Sauce damit sämig binden. Die Entenbrüste schräg in dünne Scheiben schneiden, die Sauce separat servieren. Mit Korianderblättchen bestreuen.

Dazu passt weißer Reis.

Sin Ya

Shanghai style of cooking, with 400 varieties of Chinese dishes.

- Open 7 days a week from 11:30 a.m. to 10:30 p.m. for lunch and dinner.

新 雅 酒家

- "A" Class Sanitation.
- Private foreign & Japanese rooms for small or big parties up to 100 persons.

東京都港区芝田村町 4 – 1

No. 1, 4-chome Tamura-cho Shiba

Nudelpfanne mit Oolong-Tee und Garnelen

4 Personen

1 Zwiebel
20 g Ingwer
2 Knoblauchzehen
je ½ rote und gelbe Paprikaschote
100 g Stangensellerie
2 TL Oolong-Tee »Schwarzer Drache«
4–5 EL Sesamöl
300 g Garnelen (TK, ohne Schale)
100 g chinesische Eiernudeln
5 EL Sojasauce
Salz, Pfeffer aus der Mühle

Die Zwiebel pellen und fein würfeln, Ingwer schälen und reiben, Knoblauch pellen und durchpressen, Gemüse putzen und fein würfeln. Den Tee mit 150 ml kochendem Wasser aufbrühen und 4 Minuten ziehen lassen, dann durch ein Sieb gießen.

Das Sesamöl in einer Pfanne erhitzen und Zwiebel, Ingwer, Knoblauch, Paprika und Sellerie darin unter Rühren ein paar Minuten braten, den Tee dazugießen und 2–3 Minuten köcheln lassen. Die Garnelen wenn nötig entdarmen, in die Pfanne geben und unter Rühren weitere 2–3 Minuten garen. Die Nudeln nach Packungsanweisung kochen, abgießen und ebenfalls in die Pfanne geben. Alles gut durchmischen, mit Sojasauce, Salz und Pfeffer abschmecken und sofort servieren.

183

Grüntee-Parfait
4−6 Personen

4 Eigelb
75 g Zucker
2 TL japanisches Grünteepulver (Matcha)
1 Blatt Gelatine
2 EL Sake (Reiswein), ersatzweise trockener Sherry
oder weißer Portwein
200 ml Schlagsahne
Zitronenmelisse oder Minzeblättchen

Eigelbe und Zucker über einem heißen Wasserbad zu einer hellgelben schaumigen Creme aufschlagen. 250 ml Wasser aufkochen, Teepulver einrühren und unter die Eigelbmasse rühren, auf Eiswürfeln kalt weiterrühren. Den Sake erhitzen, die ausgedrückte Gelatine darin auflösen und in die Eigelbcreme rühren. Abkühlen lassen und kalt stellen. Nach etwa einer Stunde die Sahne steif schlagen und unterziehen. Im Tiefkühler mindestens 3 Stunden gefrieren. Mit Zitronenmelisse oder Minze garnieren.

Dazu passt
Schokoladen-Ingwer-Sauce

3 EL Sesam
2 kleine eingelegte Ingwerknollen
2−3 cm frischer Ingwer
100 g Zucker
2 EL Ingwersirup (von den Ingwerknollen)
200 g edelherbe Schokolade (70 % Kakaoanteil)

Den Sesam in einer trockenen Pfanne unter Rühren goldbraun werden lassen.
Die Schokolade in große Stücke brechen und im Wasserbad schmelzen. Den eingelegten Ingwer fein hacken, frischen Ingwer schälen und fein reiben. 150 ml Wasser mit Zucker, Ingwer und Ingwersirup aufkochen und 10 Minuten köcheln lassen. Schokolade mit Ingwerwasser verrühren, den Sesam hinzufügen und abkühlen lassen. Bei Zimmertemperatur servieren.
Diese Sauce passt natürlich auch zu Vanilleeis.

Ostfriesisches Teeparfait
4 Personen

1 Blatt Gelatine
3 Eigelb
4 TL Ostfriesen-Mischung oder Assam-Tee
50 g Zucker
200 ml Sahne

Die Gelatine in kaltem Wasser auflösen. 75 ml Wasser aufkochen, die Teeblätter einrühren und 10 Minuten ziehen lassen. Durch ein Sieb gießen, die Teeblätter gut ausdrücken. Den Zucker in den Teesud geben und köcheln lassen, bis er sich vollständig gelöst hat. Die Gelatine ausdrücken und in der heißen Flüssigkeit auflösen. Die Eigelbe mit dem Teesud über einem heißen Wasserbad cremig aufschlagen, auf Eiswasser kalt schlagen. Die Sahne steif schlagen und unterziehen. In Portionsförmchen oder eine passende Schale füllen und tieffrieren. Ca. 5 Minuten vor dem Servieren aus dem Gefrierfach nehmen.

Dazu passen
Teepunsch-Pflaumen
4–6 Personen

200 g Trockenpflaumen ohne Stein
Saft einer Orange und ½ Zitrone
30 ml brauner Rum
3 Stück Zimtstange
6 Gewürznelken
1 Beutel Tee (Schwarztee, z. B. English Breakfast)

Die Pflaumen dritteln. Saft und Rum (insgesamt 125 ml) mit 100 ml Wasser mischen, in einen kleinen Topf geben und die übrigen Zutaten hinzufügen. Aufkochen und 5 Minuten ziehen lassen, durch ein Sieb gießen, die Pflaumen in den Sud geben und 12 Stunden ziehen lassen.

Tipp: die Teepunsch-Pflaumen schmecken auch gut in einer Orangen-Quark-Creme geschichtet.

185

Teekuchen
– auch Englischer Früchtekuchen genannt
10–12 Scheiben

50 g Trockenpflaumen ohne Stein
100 g gemischte kandierte Früchte, klein gehackt
(z. B. Zitronat, Orangeat, Kirschen, Feigen)
50 g Rosinen
4 EL Rum oder Weinbrand
130 g Butter
130 g Zucker
3 Eier
150 g Mehl
1 gestr. TL Backpulver
1 Prise Salz
Fett und Brösel für die Form

Die Trockenpflaumen klein schneiden, mit den kandierten Früchten und den Rosinen 1 Stunde ziehen lassen. Den Ofen auf 175 °C vorheizen. Butter mit Zucker und Eiern schaumig rühren. Mehl und Backpulver mischen und unterrühren. Zum Schluss die Früchtemischung unterheben. In eine gefettete, mit Brösel ausgestreute Kastenform von 1 l Inhalt füllen und im Ofen in 40–50 Minuten goldbraun backen. Den Kuchen in der Form auskühlen lassen, herauslösen und in Scheiben schneiden.

Zum Five o'Clock Tea

Während zum Fünfuhrtee in der Regel »nur« Sandwiches und ein paar süße und salzige Knabbereien serviert werden, wartet der »High Tea« oder »Farmhouse Tea« mit einer ganzen Anzahl von Speisen auf, sogar mit Braten! Diese Mahlzeit ist dann sozusagen Nachmittags-Tee und Abendessen in einem.

SANDWICHES

Gurken-Sandwiches

ca. 5 Stück

1 Salatgurke
Salz
40 g Butter
250 g Kastenweißbrot, am besten 1 Tag alt
weißer Pfeffer aus der Mühle

Die Gurke schälen und dünn hobeln, mit Salz bestreuen und in einem Sieb abtropfen lassen. Die Butter schaumig rühren. Das Weißbrot in 10 nicht zu dicke Scheiben schneiden und dünn mit der Butter bestreichen. Die Gurkenscheiben gut ausdrücken und auf 5 der gebutterten Brotscheiben verteilen, pfeffern und mit den übrigen Brotscheiben bedecken, leicht andrücken. Die Krusten mit einem Sägemesser abschneiden und jedes Sandwich diagonal durchschneiden.

Lachs-Sandwiches

1 Bund Dill
50 g Butter
250 g Kastenweißbrot, am besten 1 Tag alt, oder Vollkorntoast
100 g Räucherlachs, dünn geschnitten

Dill fein hacken, Butter schaumig rühren und mit dem Dill vermengen. Die Brotscheiben damit bestreichen, die Hälfte mit Lachsscheiben belegen, die restlichen Hälften darauflegen und leicht andrücken, Krusten abschneiden, Sandwiches diagonal durchschneiden.

ANDERE SANDWICHFÜLLUNGEN BZW. AUFSTRICHE

Sardinenaufstrich

1 Dose Ölsardinen
2 Sardellenfilets
50 g Butter
1–2 TL Kapern
1–2 TL grüner Pfeffer

Die Ölsardinen abtropfen lassen, wenn nötig die Gräten entfernen und mit der Butter und den Sardellenfilets pürieren. Gehackte Kapern und zerdrückte Pfefferkörner unterrühren.

Leberpaté

8–10 Personen

500 g Hühnerleber
80 g gekochter Schinken
1 kleine Zwiebel
2 Knoblauchzehen
3 EL Olivenöl
8 Salbeiblätter
je 1 TL gemahlener Thymian und Rosmarin
½ TL weißer Pfeffer aus der Mühle
⅛ l Weißwein
etwa 3 EL Butter
2 EL saure Sahne oder Crème fraîche
ein paar Tropfen Zitronensaft

Die Lebern sorgfältig putzen, Schinken fein würfeln, Zwiebel pellen und fein würfeln, Knoblauch schälen. Das Öl erhitzen und die Zwiebelwürfel darin anbraten, Schinkenwürfel hinzufügen und 1–2 Minuten bei mittlerer Hitze mitbraten, dann den Knoblauch dazupressen. Hühnerlebern dazugeben und unter Rühren bei starker Hitze 3–4 Minuten braten. Alle Kräuter hinzufügen, salzen und pfeffern. Mit dem Weißwein ablöschen und alles zugedeckt bei schwacher Hitze etwa 2 Minuten köcheln lassen. Abkühlen lassen. Die Butter schmelzen, Salbeiblätter aus der Pfanne nehmen und den Pfanneninhalt pürieren. Die Lebermasse mit der zerlassenen Butter und saurer Sahne vermengen, eventuell nachsalzen, Zitronensaft unterrühren. In eine Form füllen und kalt stellen.

Scones

Scones sind ein typisch schottisches Teegebäck, man serviert sie warm und isst sie mit Butter und Marmelade.

12 Stück

250 g Mehl
Salz
1 TL Backpulver
25 g Zucker
50 g Butter
150 ml Buttermilch
1 TL Milch

Mehl, Salz, Backpulver und Zucker in einer Schüssel mischen. Butter in Flöckchen darauf verteilen. Die Buttermilch dazugeben und alles mit den Knethaken des Handmixers zu einem glatten Teig verkneten. Den Ofen auf 225 °C vorheizen. Auf einer bemehlten Arbeitsfläche ca. 1,5 cm dick ausrollen und mit einem Glas von ca. 6 cm (oder einer anderen runden Ausstechform) Plätzchen ausstechen. Auf ein gefettetes oder mit Backpapier ausgelegtes Backblech setzen und mit Milch bepinseln. Restlichen Teig wieder zusammenkneten, erneut ausrollen und ausstechen. Im Ofen ca. 10 bis 15 Minuten backen.

Varianten: Den Teig mit Rosinen oder Korinthen vermischen oder, wenn man eine salzige Version vorzieht, den Zucker weglassen und stattdessen ca. 80 g geriebenen Cheddar unterkneten und nochmals vor dem Backen mit 80 g geriebenem Cheddar bestreuen.

Zimt-Toast

12 Stück

25 g weiche Butter
40 g Puderzucker
½ TL Zimt
4 Scheiben Toastbrot

Den Ofen auf 225 °C vorheizen. Butter, Zucker und Zimt schaumig rühren und die Brotscheiben damit bestreichen. Jede Scheibe in Streifen schneiden und dicht an dicht auf ein Backblech legen. Etwa 8 Minuten bräunen und heiß servieren.

weitere exklusive Titel aus unserer Reihe
Die Welt des guten Geschmacks

Die Welt des Honigs
Simone Hoffmann

192 S., ISBN 978-3-86528-673-4
€ (D) 19,90 / € (A) 20,50 / CHF 32,–

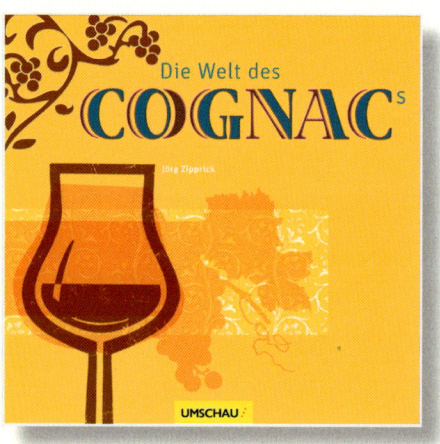

Die Welt des Cognacs
Jörg Zipprick

192 S., ISBN 978-3-86528-651-2
€ (D) 19,90 / € (A) 20,50 / CHF 32,–

Die Welt des Wassers
Rose Maria Donhauser | Jerk Martin Riese

192 S., ISBN 978-3-86528-666-6
€ (D) 19,90 / € (A) 20,50 / CHF 32,–

Die Welt des Salzes
Regina Schneider

192 S., ISBN 978-3-86528-665-9
€ (D) 19,90 / € (A) 20,50 / CHF 32,–